Klaus Huhn **Exkursion durch volkseigene Ruinen**

Klaus Huhn, geboren 1928 in Berlin, ist seit 1945 publizistisch tätig. Er gehörte zur Gründergeneration des *Neuen Deutschland* und war bis 1990 dort tätig, 38 Jahre als dessen Sportchef. Er berichtete von 17 Olympischen Spielen und wurde vom Internationalen Olympischen Komitee 1988 mit dem Journalistenpreis ausgezeichnet. Er erwarb sich auch international Ansehen und wurde 17 Jahre lang bis 1993 in den Vorstand des Europäischen Sportjournalistenverbandes (UEPS) gewählt, wo er als Generalsekretär tätig war. Nach seinem Ausscheiden aus dem ND gründete er den Spotless-Verlag, den er bis 2006 leitete und bei dem inzwischen weit über 200 Bücher erschienen sind, darunter nicht wenige von Klaus Huhn selbst.

Klaus Huhn

EXKURSION DURCH VOLKSEIGENE RUINEN

Vom Verschwinden einer ganzen Volkswirtschaft

edition berolina

Von Klaus Huhn liegen bei edition berolina außerdem vor:
Honeckers Sonderkurier. Ansichten, Geschichten, Begegnungen (2012)
Kalter Krieg und heiße Kufen. Wie Bonn gegen den DDR-Sport zu Felde zog (2015)

edition berolina

ISBN 978-3-95841-065-7

1. Auflage
Alexanderstraße 1
10178 Berlin
Tel. 01805 / 30 99 99
FAX 01805 / 35 35 42
(0,14 € / Min., Mobil max. 0,42 € / Min.)

Umschlaggestaltung: BEBUG mbH, Berlin
Druck und Bindung: GGP Media GmbH, Pößneck

www.buchredaktion.de

Wo liegt der Unrechtsstaat? Auf den Landkarten ist er nicht zu finden!

Wer nach ihm suchen sollte, kommt weder links noch rechts an der Treuhand vorbei. Dabei hatten sich die bundesdeutschen Medien unendliche Mühe gegeben, diesen Gipfel des Unrechts in der DDR zu platzieren.

Man könnte Tausende von Texten zitieren, um das tatsächliche deutsche Unrecht zu illustrieren. Das Risiko: Wer will schon daran erinnert werden, dass er über Nacht seinen Job verlor?

Zitieren wir als erstes den Text des Rücktitels eines Buches, das der *Spiegel*-Redakteur Dieter Kampe 1993 im Rotbuch Verlag publizierte: »›Aufbau Ost‹ hieß die Parole. ›Blühende Landschaften‹ versprach der Kanzler. Die Treuhand sollte das hochgesteckte Programm zügig verwirklichen. Doch wurde sie zum Mekka der Trickser und Täuscher, der Schieber und Spekulanten und Karrieristen. Das verborgene Innenleben dieser mächtigsten Organisation der bundesrepublikanischen Nachkriegsgeschichte hat Dieter Kampe durchleuchtet. Ergebnis seiner genauen Recherchen ist ein packender Wirtschaftskrimi, der die dubiosen Geschäftspraktiken der Treuhand, die skandalöse Bonner Vogel-Strauß-Politik und die Ursachen des industriellen Kahlschlags in Ostdeutschland offenbart. Sein Fazit: die Treuhand verantwortet den ›Abbruch Ost‹.«

Kampe verzichtete zwar auf das Wort »Unrechtsstaat«, aber wer das 190-Seiten-Buch damals gelesen hatte, konnte zu keinem anderen Schluss gelangen als: In den neuen Bundesländern war zwar die Westmark eingeführt worden, aber auch brutalstes Unrecht geschehen!

Die Plattmachanstalt hatte nach 1990 insgesamt 3.713 Betriebe allein in den ersten zwanzig Monaten geschlossen. Die Zahl der Arbeitslosen offenbarte keine Statistik.

Man müsste viele Politiker – wie zum Beispiel auch den thüringischen Ministerpräsidenten Ramelow – fragen, wo sie je eine derartige Eskalation des Unrechts erlebten!

Der Autor hat einen mühsamen Streifzug durch die neuen Bundesländer unternommen, um die Spuren der zugrunde gegangenen volkseigenen Betriebe zu ermitteln.

ANGERMÜNDE

So traditionsreiche Betriebe wie die Molkerei, die Fleischfabrik, das Kalksandsteinwerk wurden nach der Privatisierung nur kurze Zeit weitergeführt und dann geschlossen. Es kam zu einem gravierenden Verlust an Arbeitsplätzen. Im Jahr 2000 waren mehr als 1.150 Menschen arbeitslos. Wegen fehlender Arbeitsplätze und Lehrstellen verließen vorwiegend jüngere Menschen die Stadt. Außerdem sank die Geburtenrate. Die Einwohnerzahl ging zwischen 1989 und 2000 von 11.400 auf 9.800 zurück.

APOLDA

»Zu DDR-Zeiten waren beim VEB Textilmaschinenbau die Auftragsbücher voll – Apoldaer Bügelmaschinen waren gefragt. Nach der Währungsunion brachen die Märkte weg. Gegen Entlassungen und den Ausverkauf von Material und Maschinen wehrte sich die Belegschaft jedoch vergeblich. Am 4. November 1992 besetzten die verbliebenen Beschäftigten der Presatex-GmbH ihren Betrieb. Die Geschäftsführung wird ausgesperrt und auch dann nicht aufs Betriebsgelände gelassen, als sie mit der Polizei droht. Der Betriebsrat gibt Erklärungen ab, die Geschäftsleitung drehe mit falschen Tatsachen an der Arbeitsplatzschraube und betreibe den systematischen Ausverkauf des Betriebes. Die IG Metall ist auf der Seite der Protestierenden, die Treuhand lange nicht. Sie hat den Bügelmaschinen- und Wäschepresseehersteller Ende 1991 verkauft. Auch jetzt, da sich herausstellt, dass Versprechen der neuen Geschäftsführung nicht eingehalten werden und sich der Verzicht auf Arbeitsplatz- und Investitionszusagen sich für die Belegschaft nicht auszuzahlen scheint, will die Breuel-Behörde nichts zurücknehmen. G. steht damals auf der anderen Seite. Als Produktionsleiter muss er schon 1990 Mitarbeiter für erste Entlassungen auswählen.

G. verbrachte fast sein ganzes Arbeitsleben beim Textilmaschinenhersteller. Vom Schlosser arbeitet er sich über Meister- und Ingenieurlehrgänge an der Abendschule zum Verantwortungsträger hoch. Für die Protestierenden hat er bis heute Verständnis, ›die haben wirklich gekämpft und sich Gedanken um ihre Zukunft und die des Werkes gemacht‹, erinnert er sich. Und doch seien die Streikenden blauäugig gewesen, so der frühere Presatex-Produktionschef. ›Die hatten doch keine Ahnung, zuletzt war ja nicht mal mehr Geld für Löhne da‹, sagt der 79-Jährige. Dabei ist der VEB Textilmaschinen Apolda zu DDR-Zeiten ein richtiger Vorzeigebetrieb. Die Auftragsbücher sind immer voll. Die Apoldaer gehören zum Kombinat Textima in Karl-Marx-Stadt (heute Chemnitz). 32.000 Beschäftigte produzieren unter dem Textima-Dach Maschinen und Ausrüstungen für den gesamten Textilbereich. Das Sortiment reicht von Wollkämm- und Ringspinnmaschinen bis zu Textilveredlungsanlagen. Weil auch die ›1000 kleinen Dinge‹ und Konsumgüter nicht fehlen dürfen, ist man in Apolda zudem mit Bügelmaschinen und Dampfbügeleisen für die Hausfrau ausgelastet.

In die Marktwirtschaft startet das Kombinat am 1. Juli 1990 als Textima AG noch mit 31 Unternehmen. Doch schon bald nutzen einzelne Unternehmen die per Gesetz eingeräumte Chance und suchen ihr Heil in der Eigenständigkeit. Ursprüngliche Chemnitzer Pläne für einen umfassenden Textilmaschinenkonzern lassen sich so nicht mehr umsetzen. (...) Jetzt aber sitzt man immer öfter vor abgeschalteten Maschinen und dreht Däumchen. Die erste große Entlassungswelle rollt schon 1990 über den Betrieb hinweg.

Daran ändert der Verkauf im Management-Buy-out-Verfahren (MBO) durch die Treuhand nichts. Der Hauptgesellschafter, ein Klempnereibesitzer aus Wörth am Main, hält 65 Prozent. Ein rettendes Konzept hat die neue Geschäftsführung nicht im Gepäck. 1992 fällt der Umsatz von 3,6 Millionen DM auf 1,6 Millionen DM. Auf Rücklagen aus besseren Zeiten kann man nicht zurückgreifen, vor der Wende flossen alle Einnahmen zur Staatsbank. Not macht bekanntlich erfinderisch. Um liquide zu bleiben, lässt die neue Geschäftsleitung laut G. vorrätiges Material und Werkzeug versilbern. ›Die Händler kamen von überall aus dem Westen‹, erinnert sich der frühere Produktionsleiter, ›Messing, Aluminium, die konnten alles gebrauchen.‹

G. ist zu dieser Zeit im gesamten Bundesgebiet zwischen Hamburg und München unterwegs, um zu Geld zu machen, was in Apolda angeblich nicht mehr gebraucht wird. Bezahlt wird bar, ›da hatte ich zum ersten Mal einen 1000-Mark-Schein in der Hand‹, sagt G. Im Spätherbst 1992 spitzt sich die Lage zu. Ein neues Konzept der Geschäftsleitung sieht weitere drastische Einsparungen vor. Wieder hagelt es Kündigungsschreiben. Nach Gewerkschaftsangaben hat die Geschäftsführung bei der Übernahme des Betriebes den Erhalt von 80 Arbeitsplätzen und Investitionen von 2 Millionen DM zugesagt, diese Versprechen aber bis zu diesem Zeitpunkt nicht eingelöst. Ein Sparkassenkredit in Höhe von 500.000 DM, vorgesehen für Investitionen, sei angeblich größtenteils für laufende Verpflichtungen ausgegeben worden.

Als Gerüchte die Runde machen, dass nun auch Maschinen demontiert und auf Tieflader verladen werden sollen, verbarrikadieren einige der noch rund 60 Presatex-Beschäftigten die Werktore. Angeblich sollen die Anlagen von Holland aus nach Chile verschifft werden. Auch Produktionsleiter G. ist damals vor Ort. Zwar hat auch er am 29.9. seine Kündigung zum 31. Dezember 1992 erhalten. Um, wie er heute sagt, ›trotzdem seinen Job zu machen‹, fragt er die Besetzer im Auftrag der Geschäftsleitung, ob sie den Transport durchlassen? Und erhält zur Antwort: ›... wenn der Tieflader auf den Hof will, dann muss er schon über uns drüber fahren‹.

Wie ernst es Betriebsrat und Belegschaft ist, zeigen die folgenden Wochen. Ein eigenes Konzept wird vorgelegt. 50 Presatexer protestieren am 15. November, einem Sonntag, vor dem Haus des Hauptgesellschafters D. in Wörth. Er soll seine Anteile zurückgeben. Die Treuhand wird aufgefordert, den Betrieb zurückzunehmen und in verantwortungsvollere Hände zu legen. Die will nicht. Derweil wird im Hintergrund heftig um den Erhalt der Presatex gepokert. (...) Der Verkauf eines Betriebs-Ferienheimes wird ›mit der Zweckbestimmung des Gesamterlöses für den Interessenausgleich zwischen Unternehmen und Belegschaft‹ erlaubt.

Allerdings nur unter der Bedingung, dass sich Betriebsrat und Geschäftsleitung einigen und das Land Thüringen seinerseits Fördergelder bereitstellt. Acht Wochen streiken die Presatexer, dann entscheidet ein Gericht gegen sie. Die Besetzung sei unverhältnismäßig. Weil keine Einigung in Sicht ist, können die Landesbürgschaften nicht abgerufen werden. Konkret fehlen dem Unternehmen 400.000 DM zur Begleichung von Verbindlichkeiten. Ende 1992 kann die Geschäftsführung keine Löhne mehr zahlen, am 22. Dezember meldet sie Konkurs an. Es ist das letzte Kapitel in der langen Geschichte des Apoldaer Werkes. Im April 1993 veranlassen die Gläubiger die Schließung der Presatex.« (*Thüringer Allgemeine*, 23.7.2012)

ASCHERSLEBEN

Nach 1945 wurde das Werk VEB Optima gegründet, das zum führenden Betrieb der Verpackungsmittelindustrie in der DDR avancierte. Nach 1990 wurde es geschlossen.

BABELSBERG

»Ab Februar '90 gab es in Potsdam nach Jahrzehnten wieder ein Arbeitsamt. (...) Mit dem beginnenden Zusammenbruch der ostdeutschen Wirtschaft verloren auch die ersten Potsdamer ihre Anstellung. Die meisten betrachteten dies als ungerechtfertigte Bestrafung. ›Meine Planstelle wurde gestrichen‹, sagte einer Reporterin der BNN fassungslos der 51-jährige Produktionsdirektor der Babelsberger APAG (Aluminium Präzisionsguß AG). ›Na klar, ich will wieder arbeiten, am liebsten in meinem alten Betrieb. Ich habe mir doch nichts zuschulden kommen lassen.‹ Der Beitrag erschien am 10. März 1990.

Das Arbeitsamt war im Februar gegründet ... worden. In einigen Zimmern im Stadthaus berieten zunächst sechs Mitarbeiter(innen) die 283 Potsdamer, die sich in diesem ersten Monat arbeitslos gemeldet hatten. (...) Seit 26. Februar gab es eine Arbeitslosenunterstützung, darunter für 61 Potsdamer als ›betriebliche Ausgleichszahlung‹. Jetzt war die Zahl der je Woche hinzu kommenden Arbeitslosen auf mehr als 160 gestiegen, auf den Monat hochgerechnet etwa 650. Für ihre Beratung und Neuvermittlung wurden nun 18 Stadtangestellte eingesetzt. Wie die zuständige Stadträtin Carmen Bartling bedauerte, war unter den Arbeitsuchenden ein ›sehr hoher Anteil an Hoch- und Fachschulkadern‹. (...) Allein für den Bereich Potsdam sind 688 Mitarbeiter für zurzeit 7210 Arbeitslose (Februar 2010) zuständig. (...)

Kurz nach dem Abdruck ihres Berichts über das Arbeitsamt wurde der BNN-Reporterin der bis 16 Uhr begrenzte Arbeitsvertrag gekündigt. Da sie wegen ihrer beiden kleinen Kinder nicht länger arbeiten konnte, willigte sie in einen Aufhebungsvertrag ein. Seitdem hat sie sich vergeblich um eine neue Festanstellung bemüht.« (*Potsdamer Neueste Nachrichten*, 15.3.2010)

Lokomotivwerk. Am 30. April 1947 wurde die erste Nachkriegslokomotive ausgeliefert. Zunächst wurden alle Loks als Reparationsleistungen an die Sowjetunion geliefert. Ab 18. März 1948 war das Werk Produzent von Neubaulokomotiven. 1950 startete das erste Dielselloktypenprogramm der DDR. 1958 wurde das zweite Dielselloktypenprogramm gestartet. Der Großdiesellokbau wurde 1970 beendet, da nach RGW-Beschlüssen für diese Leistungsklasse die Sowjetunion und Rumänien zuständig waren. 1976 wurde die letzte Lokomotive abgeliefert. Der Betrieb stellte den Autodrehkran 125 her. 1990 wurde der Maschinenbau Karl Marx Babelsberg durch die Treuhandanstalt in eine GmbH umgewandelt und dann bis 1992 abgewickelt, obwohl ernstzunehmende Entwicklungsangebote vorlagen. Auf dem Gelände befindet sich heute ein Gewerbepark.

BARTH (Mecklenburg-Vorpommern)

Die Firma SAB Barth GmbH – Schwerpunkt Stahl- und Anlagenbau sowie Froster- und Lebensmitteltechnik – musste Insolvenz anmelden. Rund 100 Beschäftigte waren von der Pleite des Traditionsunternehmens betroffen. Das Werk wurde eine 100-prozentige Tochter der EMF Holding AG im niedersächsischen Nienburg. Die Holding und weitere Tochtergesellschaften stellten vor dem Amtsgericht im niedersächsischen Syke einen Insolvenzantrag.

»›Für die Beschäftigten und die strukturschwache Region wäre es ein harter Schlag, würde das Unternehmen nicht fortgeführt und die Arbeitsplätze verloren gehen. Daher muss sich jetzt alles darauf konzentrieren, einen neuen Investor zu finden, der in dem Unternehmen eine Zukunft sieht‹, sagte Peter Hlawaty, Geschäftsführer der IG Metall Rostock-Schwerin, auf einer kurzfristig einberufenen Betriebsversammlung vor den Beschäftigten.« (*Ostsee-Zeitung*, 20.11.2015)

BEELITZ

Die Beelitz-Heilstätten stehen in der Liste der »verlassenen Orte« ganz oben: Riesige verfallene Gebäude, abblätternder Putz, einsame Flure sind in fahles Licht getaucht, große Treppenemporen enden im Nichts. Aber auch neue Gebäude tauchen in den Wäldern auf. Gibt es hier Geister? Unmengen von Blogposts spinnen neue Geschichten. Filme wie *Operation Walküre* oder auch *Der Pianist* wurden hier gedreht.

BERLIN

Außenhandelsbank. »Die Berliner Justizsenatorin Jutta Limbach schätzt den durch Wende-Kriminalität entstandenen Schaden allein für die Hauptstadt auf 4,5 Milliarden Mark. Objekt der Gierigen war in Berlin vor allem die Deutsche Außenhandelsbank. Mit Hilfe fingierter Rechnungen wurde sie nach der Währungsunion regelrecht ausgeraubt.« (*Der Spiegel* 37/1991)

Transformatorenwerk »Karl Liebknecht« (TRO). Das TRO wurde der »Hoflieferant« der Energiewirtschaft der DDR. Es fertigte auch Basiselemente für die Energieversorgung in Griechenland, Syrien, Ägypten, Bulgarien und der Tschechoslowakei. 1962 erfolgte der Beginn der Konsumgüterproduktion mit der Fertigung des Rasenmähers »Trolli« als Jugendprojekt. 1989 waren circa 4.000 Mitarbeiter in vier Betriebsteilen tätig. 1991 erwarb die AEG das TRO und begann mit der Produktion von Transformatoren, Stufenschaltern und Schaltgeräten; 1994 begann die grundlegende Renovierung des gesamten Fabrikgeländes und die Inbetriebnahme eines hochmodernen Transformatorenprüffeldes. 1996 erfolgte der Beschluss der Einstellung der AEG TRO, und 1997 kaufte der Privatinvestor Peter Barg das TRO-Gelände und gründete das »Kultur- und Technologiezentrum Rathenau«. 2006 ging der Investor in Insolvenz und verkaufte das Werk an die irische Investorengruppe Toruro. Das Gelände wurde zur Spree geöffnet, und dort entstand eine Mischung von produzierendem Gewerbe, Handwerk und Dienstleistungen. Das Werk stellte seine ursprüngliche Produktion ein. In den Hallen mieteten Künstler Ateliers.

Interflug. Die Plattmache der DDR-Fluggesellschaft verdient einige Zeilen mehr. 1991 las man in dem Buch *Treuhand oder Ramschhand?* (Spotless-Verlag): »Der ›Vereinigungstaumel‹ führte in Schönefeld dazu, dass man glauben konnte, die Direktoren der Lufthansa (West) und der Interflug (Ost) würden auf roten Teppichen vor laufenden Fernsehkameras Brüderschaft trinken wollen. Man prophezeite in munteren Reden, dass die bald vereinten Gesellschaften gemeinsam für ›Deutschland‹ fliegen würden. Es blieben noch ein paar zu klärende Modalitäten, von denen jeder meinte, sie würden von zuständigen Mitarbeitern leicht geklärt werden können. Das sonnige Verhältnis wich jedoch überraschend schnell einem böigen Tief. In den Januarwochen 1991 lieferten sich beide Unternehmen Grabenkämpfe mit hoher Intensität. Die Lufthansa hatte jedoch immer die besseren Karten: Sie hatte die Treuhand auf ihrer Seite. Am zweiten Februar-Freitag wurde die Interflug-Geschäftsführung zur Treuhand beordert, wo man ihr eröffnete, dass Liquidation angeordnet sei.

Die Interflug setzte sich zur Wehr, aber der Widerstand hatte kaum Aussicht auf Erfolg. Als erstes ›erwarb‹ die Lufthansa die Flugzeugwerft in Schönefeld, um künftig einen Teil ihrer Maschinen dort warten zu lassen. Billiger als anderswo, denn die Ostlöhne sicherten fast halbierte Rechnungen.

Dann erschien das, sonst selten wahrgenommenen, Diensteifer bekundende Luftfahrtbundesamt auf der Bühne und ließ die Öffentlichkeit wissen, man werde die Interflug vermutlich daran hindern müssen, weiter den Airbus A 310 zu fliegen – es mangele ihr nämlich an ausgebildeten Technikern! Diese Information, die großzügig auf den Fakt verzichtete, dass man über Nacht einen Teil der Techniker aus Schönefeld abgeworben hatte, wurde auch an willige Journalisten geliefert. Die scherten sich nicht darum, dass die Interflug die Großflugzeuge lange vor der ›Wende‹ gechartert und in Dienst gestellt hatte. Die geschickt verbreitete Kunde von den Interflug-›Problemen‹ verunsicherte potente Interflugbenutzer. Wer fliegt schon gelassen mit einer Gesellschaft, die in den Ruf gerät, nicht genug für die Sicherheit der Passagiere tun zu können?

Die Rechnung war klar: Ein auf diese Weise zustande gekommenes Startverbot der Großraumflugzeuge bedeutete das wirtschaftliche Aus für die Interflug, und die Treuhand konnte ihre Hände in Unschuld waschen. Doch so schnell war die Interflug nicht auszuschalten. Als der Journalisten gegenüber so mitteilungsfreudige Luftfahrtbundesamtskontrolleur bei der Interflug erschien, präsentierte ihm die Fluggesellschaft eine von der Zahl und der Qualifikation her den internationalen Vorschriften entsprechende Airbus-Mechanikermannschaft. Man hörte nie wieder von einem Startverbot für die Jumbos und kann nur vermuten, dass sich das Luftfahrtbundesamt nicht ein zweites Mal von der Treuhand animieren ließ, eine Partie Schwarzer Peter für sie zu spielen.

Der wegen seiner Sachlichkeit von allen Verhandlungspartnern geschätzte Geschäftsführer des Interflug-Verkehrsbetriebes und der Technik, Dr. Bergner, wies nach, dass die Interflug der Treuhand ein tragfähiges und Erfolg versprechendes Konzept vorgelegt habe: Der Riesenbetrieb war ›entflochten‹, das Fluggerät den neuen Bedingungen angepasst und die Streckenplanung rationalisiert worden. Zwar versuchten Blätter wie die großbürgerliche *Frankfurter Allgemeine Zeitung* der Treuhand Sekundantendienste zu leisten, indem sie Schlagzeilen wie ›Riesige Verluste bei der Interflug‹ formulierten, aber die Bilanz der Gesellschaft wies für das erste Halbjahr 1990 einen sensationellen Gewinn von 100 Millionen Mark aus, der dann durch die Währungsunion allerdings arg reduziert wurde. Immerhin: Größere Fluggesellschaften flogen zur gleichen Zeit durch Wolken roter Zahlen. Zunehmend dank der Treuhandoperationen von Negativwerbung begleitet, schaffte die Interflug dennoch das Kunststück, selbst im dritten Quartal ohne Verlust zu bleiben. Im vierten Quartal hatten alle Fluggesellschaften in ihren Bilanzen mit den Folgen des Golfkrieges zu leben – es gab keine, die nicht mit Minus abschloss! Die Interflug nahm einen Kredit in einstelliger Millionenhöhe auf – ein besseres Taschengeld in dieser Branche.

Die *Frankfurter Rundschau* schenkte ihren Lesern am 7. Dezember ziemlich klaren Wein ein: ›Im Kampf um Interflug werden härtere Bandagen angelegt – Interesse der Lufthansa liegt vor allem in der Abwehr möglicher Konkurrenten um die begehrten Landerechte.‹

Mit dem Einigungsvertrag war die Interflug juristisch Bundeseigentum geworden. Das erklärt, warum man bereits am 2. Oktober 1990 im Bonner Verkehrsministerium ein Interflug-Gutachten hatte fertigen lassen. Staatssekretär Knittel, Ministerialdirigent Kappel, die Regierungsdirektoren Bartkowski, Mürl und Krieg sowie Dr. Hardrys von der Treuhandanstalt brachten eine Analyse zu Papier, die bald auch in Redaktionsstuben auftauchte. Wortlaut: ›Die vorgelegte IF-Ausarbeitung zeigt, dass Interflug nur vorübergehend in der Umstellungsphase in die roten Zahlen kommt und zu keinem Zeitpunkt illiquide ist. Dies bedeutet, dass Interflug (...) kein Subventionsfall ist und daher gute Überlebenschancen hat. Die Treuhand hat daher keine Handhabe, die Interflug zu liquidieren. Im Gegenteil, die THA (Treuhandanstalt) hat die Aufgabe, das ihr anvertraute Vermögen im Interesse des Bundes und des Steuerzahlers zu bewahren und durch Sanierung zu mehren.‹

Die Treuhand aber flog den Kurs anderer. Das Interflug-Konzept hatte eine Ankündigung – dieser Begriff ist wichtig, weil er später von vielen als ›Entscheidung‹ ausgegeben wurde – des Bundeskartellamtes berücksichtigt, wonach eine Vereinigung von Lufthansa und Interflug Marktgesetze verletzen könnte und deshalb sorgfältig geprüft werden müsse. Dr. Bergner: ›Wir haben unterstellt, dass eine zweite deutsche Linienfluggesellschaft nicht eine staatliche sein kann. Es bestand die Absicht bei Berliner Banken, sich an einem Konsortium zu beteiligen, das die Interflug hätte übernehmen können. Die Banken waren daran interessiert, mindestens 60 Prozent der Interflug-Anteile zu erwerben. Voraussetzung dafür wäre aber gewesen, dass die Entscheidung zur Privatisierung gefallen wäre.‹

Das Gerangel um die Interflug begann, die internationale Tourismusbranche zu bewegen. Das in Mainz erscheinende Fachblatt *Tourismus-Report* nahm sich des Themas mit viel Eifer an und publizierte am 28. März 1991 eine aufschlussreiche Untersuchung: ›Es liegt in der Natur der Sache, dass Liquidatoren eine begrenzte Amtszeit haben. Einen Kurzzeitrekord hält aber möglicherweise Rechtsanwalt Eckhart Müller-Heydenreich aus München, der zum 1. März als Liquidator der Interflug bestellt wurde. Am 5. März verkündete er noch auf der ITB (Internationale Tourismus-Börse), dass es nach seinen Berechnungen für Interflug am wirtschaftlichsten sei, wenn sie noch bis Oktober weiterfliege, allerdings mit reduziertem Programm. Die Treuhand dementierte, und der Liquidator durfte seinen Hut nehmen. Sein Nachfolger, der Heidelberger Rechtsanwalt Jobst Welle (gemeint war Wellensiek), wurde mit der Überführung von Interflug in eine Qualifizierungs- und Beschäftigungsgesellschaft beauftragt. Sein Ziel sei es, erklärte er, die Vorgänge um die Interflug, die zu einem Politikum eskaliert seien, einer Lösung zuzuführen, die auch die Arbeitnehmer zufrieden stellen. Am 4. Februar war das Gespräch, am 5. Februar stellte Krüger seine Forderungen an Meyer, die dieser erfüllen wollte, am 6. Februar teilte Peter Rupp von der Treuhandanstalt mit, dass die geforderten Unterlagen nicht eingegangen seien und er die Gespräche als beendet betrachte. Peter Rupp, aus Oelsnitz im Vogtland stammend, ehemaliger Mercedes-Aufsichtsratsvorsitzender, hat maßgeblich zu dem schnellen Liquidationsbeschluss für die Interflug beigetragen. Jetzt, da seine Mission beendet ist, bemüht er sich als stellvertretender Aufsichtsratsvorsitzender um eine Teppichfabrik – sie liegt in seiner alten Heimat Oelsnitz.

Unverdrossen übermittelte Meyer der Treuhand trotzdem zwei weitere Angebote, und am 8. März sollte es tatsächlich zu Übernahme- und Verkaufsverhandlungen mit dem Liquidator Müller-Heydenreich kommen. Der war jedoch am 7. März um 14.00 Uhr fristlos entlassen worden!

Durch einen Zufall war die Direktorin für Marketing der Interflug GmbH, Dr. Petra Leuschner, in eine Verkaufsverhandlung der Treuhand geraten. Fassungslos berichtete sie danach in Schönefeld, dass die hoch bezahlten Treuhand-Verkäufer ihre Aufgabe vornehmlich darin gesehen hatten, eine britische Interessengruppe über den angeblich fatalen Zustand der Fluggesellschaft zu informieren.

Den letzten Start der Interflug vollzog Flugkapitän Klaus Petzold am gleichen Tag um 17.15 Uhr nach Wien. Dort fand sozusagen die offizielle Trauerfeier statt: Der Vorstandsvorsitzende der Flughafen Wien GmbH, Dr. Kastellik, erinnerte daran, dass die Interflug allein 1990 insgesamt 28.000 Passagiere von und nach Wien befördert hatte und dass mit diesem letzten Flug ein absolut zuverlässiges Luftverkehrsunternehmen vom Markt verschwinde. Auch der Betriebsratsvorsitzende der Interflug, Siegfried Suchowski, ergriff noch einmal das Wort und sprach Klartext: Alle Versuche der Gesellschaft, in der Marktwirtschaft Fuß zu fassen, seien vereitelt worden.

Um 19.43 Uhr kehrte die Maschine vom Typ Tu-134 A nach Berlin zurück. Klaus Petzold landete sie sicher – mit Tränen in den Augen.

Was Rechtsanwalt Krüger als einziger deutlich formuliert hatte, vollendete sich in dieser Minute: Mit der Interflug war ein weiteres Stück DDR beseitigt worden! Alle Protestdemonstrationen – eine hatten die Betroffenen sogar im Flugzeug nach Bonn unternommen –, Verhandlungen und Konzepte waren letztlich vergeudete Mühen gewesen. Das Todesurteil war schon lange in Bonn gefällt worden.«

Waschbetrieb Blütenweiß. Der seit Jahrzehnten in Spindlersfeld beheimatete Wäscherei- und Reinigungsbetrieb firmierte ab 1953 als VEB Blütenweiß (im Volksmund auch VEB Edelgrau), nach 1961 als Rewatex (reinigt und wäscht Textilien). 1989 waren rund 4.500 Mitarbeiter bei Rewatex beschäftigt. Nach 1990 wurde das Unternehmen von der Kölner Larosé Hygiene-Service GmbH übernommen. Diese setzte den Betrieb auf dem Gelände Spindlersfeld nur bis Mitte der 1990er Jahre fort, dann nur noch im Betriebsteil Grünauer Straße. Im Jahr 2000 wurde die Imhoff Industrie Holding Eigentümer des Geländes. Die Anlagen in Spindlersfeld sind seit der Jahrtausendwende nur noch eine Industrieruine.

Brauerei Schöneweide. Gebraut wurde an der Spree in Niederschöneweide von 1882 bis 1994. Nach dem Zweiten Weltkrieg (1939 –1945) wurde die Brauerei verstaatlicht. Ab 1954 hieß sie VEB Schultheiss-Brauerei Niederschöneweide. 1959 wurden alle sechs Brauereien Ostberlins zum VEB Berliner Brauereien zusammengefasst. 1990 kam der Betrieb unter Treuhandverwaltung, was für ihn wie in vielen anderen Fällen auf dem Gebiet der DDR das sichere Ende bedeutete. 1991 kaufte die Henninger-Bräu AG aus Hessen den Betrieb. Ein Antrag 1993 auf Abriss und Neubau wurde mit Verweis auf den Denkmalschutz abgelehnt. Am 1. April 1994 endete die Bierproduktion in Berlin. Bärenquell kam fortan aus Kassel. 2009 war auch die Biermarke Bärenbräu komplett verschwunden. Inzwischen ist das gesamte Objekt von anhaltendem Vandalismus samt Graffiti und Bränden schwer gezeichnet. Im März 2014 berichtete die *Berliner Zeitung*, dass Bulgaren und Rumänen in den Ruinen der Brauerei hausten. Inzwischen verteidigte der Denkmalschutz nur noch das Bierlager sowie das Maschinen- und Sudhaus.

EAW. *Der Spiegel* am 18. Februar 1991 unter dem Titel »Schlimmer als erwartet«: »Es war der Tag, an dem ›Heulen und Zähneklappern‹ herrschte. Als die 6.500 Beschäftigten der Elektro-Apparate-Werke Berlin GmbH (EAW) eine Woche vor Weihnachten in den Betriebsurlaub gingen, haben manche ›geschluchzt und geweint‹, sagt eine Mitarbeiterin.

Mehrere tausend EAW-Werker verließen zum letzten Mal

den tristen roten Klinkerbau im Ostberliner Stadtteil Treptow, vorbei an dem gerade frisch aufgestellten Plakat ›An die Zukunft denken – Automatisieren mit EAW-Elektronik‹.

An die Zukunft denken die EAW-Elektroniker mit Schrecken. Die einst größte Fabrik in der ehemaligen ›Hauptstadt der DDR‹ hat nur noch wenig Chancen, in der neuen deutschen Marktwirtschaft zu überleben.

Die Wandlung vom führenden Lieferanten der sozialistischen Volkswirtschaft für elektronische Schalter und Relais zum überalterten Fossil auf dem Weltmarkt war schnell und schmerzhaft. Der Fall ist ein trauriges Beispiel dafür, dass ein sanfter Übergang ostdeutscher Betriebe in die ersehnte Wirtschaftswunderwelt kaum mehr möglich ist.

Das Kombinat mit dem sozialistischen Ehrennamen ›Friedrich Ebert‹ war 1979 aus 24 Betrieben mit 34.000 Beschäftigten gebildet worden. Die 50.000 Produkte der EAW waren fast überall in der DDR zu finden, wo es etwas zu schalten und zu regeln gab – in Atomkraftwerken und Kühlschränken, auf Schiffen und bei der Eisenbahn, in Fabriken oder Braunkohle-Bergwerken.

Zum Sortiment gehörten ein Computersystem ›P 8000‹ und ein Radiorecorder ›Audio 145‹ ebenso wie ein Pkw-Wohnanhänger und eine Diebstahlssicherung mit Sirene für Fahrräder. Stammbetrieb des Kombinats war das Werk am Treptower Spreeufer mit ehemals 8.500 Werktätigen. Hier hatte 1926 die AEG eine Apparate-Fabrik gegründet. Auf den Trümmern des enteigneten Werkes entstanden nach 1945 unter sowjetischer Führung die EAW.

Nach der Wende erschienen alsbald die Abgesandten der alten Eigentümer, vom schnell gewendeten Generaldirektor Wolfgang Puppe freudig begrüßt. Die Manager des Elektromultis versprachen Kooperationen und Joint-venture.

Auch andere Branchenverwandte aus dem Westen zeigten Interesse, so Siemens, Mannesmann-Kienzle, Krupp-Atlas-Elektronik oder die Schweizer Afag. Das Kombinat wurde mundgerecht in GmbHs zerlegt, unter dem Dach einer EAW AG als Holding.

Nach der Währungsunion im Juli schleppten sich die Verhandlungen immer mehr hin. Die AEG führte sich weiter wie der natürliche Traumpartner der EAW auf und bedeutete den Treptower Geschäftsführern eifersüchtig, nicht nach anderen Bewerbern zu schielen. (…)

Schließlich zerplatzten die Träume von der west-östlichen Partnerschaft ›wie Seifenblasen‹, klagt Busse. Ende vergangenen Jahres interessierte sich kein einziger westlicher Konzern mehr für die EAW. Von den groß angelegten Kooperationen ist nur eine Elektrozähler-Fertigung für AEG mit 30 Leuten übriggeblieben.« (*Der Spiegel* 8/1991)

Volkseigener Wärmeanlagenbau. Das Unternehmen wurde zum Gegenstand eines der größten Treuhandskandale, vor allem geriet er in die Öffentlichkeit, so dass dem Unternehmen nichts anderes übrigblieb, als den Staatsanwalt zu bemühen. Allerdings beauftragte man einen »Hauseigenen« mit dem Fall. Ein gewisser Michael Rottmann hatte sich als der mutmaßliche Drahtzieher eines Millionendeals erwiesen. Der von ihm – gemeinsam mit damals schon verurteilten Mittätern – verursachte Schaden soll sich auf mehr als 100 Millionen Euro belaufen haben. 14 Jahre war Rottmann auf der Flucht. 2009 wurde er aus England an Berlin ausgeliefert.

Die Chronologie der mehr als hundert Seiten dicken Anklageschrift begann 1990. Rottmann hatte von der Treuhand den Auftrag bekommen, die Übernahme des ehemaligen VEB Wärmeanlagenbau »Deutsch-Sowjetische Freundschaft« zu prüfen. Als Rottmann kam, beschäftigte der Betrieb von den ursprünglich 2.000 Mitarbeitern noch rund 750. Es war ein wohlhabender Betrieb, der über Millionenforderungen aus Altaufträgen verfügte. Hinzu kamen wertvolle Immobilien in Leipzig, Zwickau, an der Rhinstraße (Berlin-Marzahn) und der Wallstraße (Berlin-Mitte). Allein die Immobilie an der Wallstraße, der ehemalige Sitz der Firmenzentrale, soll umgerechnet knapp 60 Millionen Euro wert gewesen sein. Rottmann kaufte den Betrieb für lächerliche zwei Millionen Mark.

In einer ARD-Dokumentation – Titel: *Der Kraftakt* – wurde er 1993 als »Macher« gezeigt, der sich die Ärmel aufkrempelt, um im maroden Osten voller Tatkraft zu wirken. Zitat von ihm: »Wir werden Kraftwerke bauen wie andere Brötchen backen.« Stattdessen plünderte er den Betrieb hemmungslos aus. 1995 fiel das sogar Kriminalbeamten auf, aber da floh er ins Ausland. Für den Betrieb musste im November 1994 Konkurs angemeldet werden. Seit Januar 1997 wurde Rottmann wegen Verdachts des Betrugs und der Untreue mit internationalem Haftbefehl gesucht. Erstmals festgenommen wurde er im September 2000 von britischen Polizisten in einem gemieteten Haus in Hazlemere-Wyjcambe, einem Ort in der Nähe Londons. In den Medien wurde damals eine schnelle Auslieferung angekündigt. Rottmanns Anwälte verhinderten das Auslieferungsbegehren. Als er endlich nach Berlin ausgeliefert worden war, erzwangen sie einen Zivilprozess, in dem Rottmann zu einer Geldstrafe von 20 Millionen Euro verurteilt wurde. Sollte er die Summe nicht pünktlich bezahlen, erhöhte sie sich auf 50 Millionen, aber auch die überwies er lange nicht. Schließlich wurde Rottmann vom Berliner Landgericht wegen schwerer Untreue zu drei Jahren und neun Monaten Gefängnis verurteilt, doch hob der Bundesgerichtshof in Leipzig am 28. Oktober 2010 dieses Urteil auf. Ob er für die Haftzeit entschädigt wird, wurde lange nicht entschieden. Sein Düsseldorfer Anwalt Sven Thomas erklärte, dass die obersten Strafrichter das

Verfahren eingestellt hätten, weil die Untreue-Vorwürfe verjährt seien.

Kabelwerk Oberspree. Es gehörte bis 1945 zur AEG und wurde in den 1990er Jahren von einem englischen Konzern gekauft, der es wenig später stilllegte.

Narva. »Der frühere Stammbetrieb der Firma Osram zwischen Oberbaumbrücke und dem S-Bahnhof Warschauer Straße war eines der Objekte, das für Schlagzeilen in dem sonst eher verheimlichten Treuhandgetriebe sorgte. Der Schriftsteller Stefan Heym beschrieb in einer seiner EXTRA-Kolumnen seinen Besuch in dem Betrieb: ›In der Zeit, erinnere ich mich, erhielt ich einen Anruf von Arbeitern der Narva-Werke in Berlin, man stellt dort elektrische Birnen her und ähnliches. Ihre Gewerkschaft, sagten sie, sei nicht mehr existent, dito Gott sei Dank auch ihre Parteiorganisation; ob ich ihnen vielleicht einen Rat geben könnte, wie sie mit ihrem Eigentum, den Narva-Werken, verfahren sollten.

Ich ging hin. Da saßen mehrere hundert Männer und Frauen in ihrer Arbeitskleidung und machten sich Sorgen um ihren Betrieb, der allerdings in keinem besonders guten Zustand zu sein schien – aber jedenfalls produzierten sie noch und berichteten, Osram, ihre alte Firma drüben, sei an einer Zusammenarbeit mit ihnen interessiert.

Ein anderer sagte, man würde Osrams Hilfe zweifellos brauchen und würde dafür auch zahlen müssen, möglicherweise könnte man ein Joint Venture mit Osram machen, aber achtet darauf Kollegen, dass ihr 51 Prozent der Narva-Anteile für euch behaltet.

An die Treuhand dachte noch keiner; Volkseigentum war Arbeitereigentum, und Narva war ihres. Die Treuhand wird wissen, wem sie den Narva-Betrieb nun zuzuschustern gedacht hat und wie viele von den Kollegen, die sich damals um ihren Betrieb bemühten, dann noch darin arbeiten werden.‹

Das schon zitierte Blatt der IG Metall hatte die Situation, in die die Narva-Arbeiter geraten waren, umfassend beschrieben: Erschöpft rückt Michael Müller seine Brille zurecht, reibt sich die Augen. Der Narva-Betriebsratsvorsitzende und seine Kollegen haben bittere Monate hinter sich. Von den einst 5.000 Beschäftigten des Kombinat-Stammbetriebes sind noch 1.400 im Werk. Die anderen mussten zum 30. Juni entlassen werden, abgefunden mit einem Sozialplan.

Aber wenigstens sah es jetzt so aus, als würde bei Narva das Licht nicht ausgehen: Neue Geschäftsleitung, Aufsichtsrat und Betriebsrat haben ein Konzept, den Glühlampenhersteller wenigstens in einer Nische des aufgeteilten Markts überleben zu lassen. Und die aktuelle Auftragsliste ist gut.

Und es gab Bewerber für das kleine Stück aus dem großen Treuhand-Imperium. Zwar wollte keiner der Elektro-Multis bei Narva einsteigen, aber vier Investorengruppen signalisierten Interesse. Darunter mindestens zwei, die auch weiter Glühlampen bauen wollen.

Doch wie die einzelnen Konzepte aussehen, zu welchen Bedingungen und mit welchen Arbeitsplatzzusagen verkauft wird, wissen Narva-Belegschaft und Betriebsrat bis heute nicht. Jedenfalls nicht von der Treuhand, berichtet Michael Müller. Auch der Narva-Aufsichtsrat, von der Treuhand selbst eingesetzt, fühlt sich übergangen, sagt sein Vorsitzender, der Berliner Unternehmensberater Dr. Hans-Ulrich Abshagen.

Dafür scheint der zuständige Treuhand-Direktor Dr. Wolf R. Klinz genau zu wissen, welcher Bewerber für Narva der richtige ist: eine Investoren-Gruppe um den Klingbeil-Konzern. Nicht erwähnt worden war in diesem Bericht, dass ursprünglich auch einmal Osram zu den Interessenten zählte. In Augsburg hatte man bereits eine neue Produktionslinie konzipiert, die im Januar 1991 dann auch von Narva in der Hoffnung gekauft wurde, künftig mit Osram-Birnen auf den Markt gehen zu können. Den überraschenden Verzicht auf das Narva-Objekt erklärte Osram mit ungenügenden Antworten der Treuhand auf das Angebot.

Die IG-Metall-Illustrierte hatte richtig vermutet: Klinz sorgte dafür, dass die Klingbeil-Gruppe den Zuschlag erhielt, und begründete das am 6. August 1991 vor laufenden Fernsehkameras vor allem mit der Zahl garantierter Arbeitsplätze: ›Arbeitsplätze nicht nur – das betone ich ausdrücklich –, die dem traditionellen Geschäft der Narva erhalten bleiben können, äh, äh, für absehbare Zeit, sondern auch die Arbeitsplätze, die durch entsprechende – äh, äh – systematische und professionelle Ausnutzung der Möglichkeit eines Standorts neu geschaffen werden können.‹ Wer dieser Erklärung aufmerksam folgte, konnte mühelos heraushören, dass dieser Klinz um die Immobilien-Absichten der Klingbeil-Gruppe wusste und sie billigte.

Es scheint kaum mehr möglich, die vielen Entscheidungen, deren Aufhebungen, Erklärungen, Dementis, Versprechungen und vorgeblichen Gedächtnislücken in eine chronologische Reihenfolge zu bringen. Was der als Ratgeber geholte Stefan Heym noch als ›Arbeiter- und Volkseigentum‹ deklariert hatte, war längst zum Spielball der Immobilienhaie geworden, die nur durch die Gewerkschaft vorerst noch daran gehindert wurden, ihre Vorhaben über Nacht zu verwirklichen.

Heinz Pietzsch, einer der vielen Männer aus der Immobilien-›Gruppe‹, in einem Interview: ›Ich weiß sowieso noch nicht, ob ich lachen oder weinen soll, denn es ist eine riesengroße Herausforderung, die auf uns zukommt, aus der Narva ein gesundes mittelständisches Unternehmen zu machen.‹

Wieso plötzlich nur mehr ein ›mittelständisches Unternehmen‹? Ahnungsvoll ließ Pietzsch in diesem Ende August 1990 gegebenen Interview den Satz folgen: ›Sollten da irgendwelche Kräfte gegeneinander ziehen, wird es sehr schwer ...‹

Gemeint war der entschlossen die Interessen der Arbeiter vertretende Betriebsrat. Dessen Widerstand versuchten die Käufer mit einem Ultimatum zu brechen: Würde er sich weigern, eine Einverständnis bekundende Erklärung an die Presse zu unterschreiben, würde man sich von allen Verhandlungen zurückziehen. Der Betriebsrat weigerte sich.

Der Vertreter der Arbeiter im Narva-Aufsichtsrat, Peter Martin Bock, schrieb Frau Breuel wegen dieses Vorfalls am 23. August: ›In meinem Beisein wurde von der Klingbeil-Pietzsch-Wertkonzept-Gruppe erklärt: Wir haben von Euch langsam die Schnauze voll (...) wenn nicht bis zum 21. August erklärt und unterschrieben wird, steigen wir aus dem Geschäft aus. Dann macht die Treuhand den Laden dicht.‹ Eine Drohung im Namen der Treuhand verkündet ...

Es stieg niemand aus. Aus gutem Grund, der ans Licht kam, als in der dem Verkauf folgenden Pressekonferenz die Treuhandmanager gefragt wurden, ob in dem Deal neben den knapp 100.000 Quadratmetern Narva-Betriebsgelände auch die rund 30.000 Quadratmeter Stadion- und Bootshausfläche an der Spree enthalten seien. Man wühlte in den Akten und gestand kleinlaut, dieses Objekt mitverkauft zu haben. Damit war das diffuse Geschäft jedoch noch immer nicht in seinem ganzen Umfang offengelegt: Auch die Narva-Ferienheime gehörten dazu! Eilig beschwor ein Franz Wauschkuhn von der Treuhand die Vergangenheit als Entschuldigung herauf: ›Hier sind ja die Kombinate so geführt worden wie große Fürstentümer, und die Kombinatsdirektoren, die haben Land gerafft, wie sie konnten! Und da hier keine ordentlichen Grundbücher geführt wurden, haben wir nicht immer den Überblick im ersten Angang, was alles zu einem großen Kombinat, zu einer Industriefirma gehört.‹

Ein Telefongespräch mit dem Betriebsrat hätte Wauschkuhn auch ohne Grundbücher über ›den ersten Angang‹ hinauskommen lassen: Zu den 93.000 Quadratmetern Narva-Gelände kamen noch 200.000 Quadratmeter andere Immobilien hinzu, verhökert für 75 DM pro Quadratmeter!

Die Klingbeil-Gruppe hatte sich im Kaufvertrag verpflichtet, 1.050 Arbeitsplätze bis Ende 1992 zu sichern, doch in Wirklichkeit handelte es sich nur um 600 Beschäftigte in der Glühlampenproduktion; der Rest wurde plötzlich als ABM-Plätze ausgewiesen.

Die Berliner Arbeitssenatorin Christine Bergmann erinnerte sich der Offerte eines anderen Bewerbers, der 900 Arbeitsplätze bis 1996 garantiert hatte und dessen Konzeption weitgehend den Vorstellungen des Betriebes entsprach.

Vermutungen, die Klingbeil-Gruppe hätte die Arbeitsplatz-Garantien nur zum Schein unterschrieben und sei ausschließlich an der lukrativen Immobilie interessiert, wurden regelmäßig und lautstark dementiert. Die Treuhand berief sich darauf, dass sie eine fünfjährige Sperrfrist für den Weiterverkauf der Immobilien als Klausel in den Vertrag aufgenommen habe. Eine fast kindische ›Sicherung‹, denn zum einen könnte die Verpachtung weit mehr Geld einbringen als der Verkauf und zum anderen war damit zu rechnen, dass nach der Entscheidung, den Regierungssitz nach Berlin zu verlegen, die Bodenpreise im Herzen Berlins kontinuierlich steigen würden!

Die Haie wollten die ganze Beute und fühlten sich als Treuhandpartner völlig sicher: Im September wurde ein Brief bekannt, in dem die Klingbeil-Gruppe die im Januar für 21 Millionen DM gekaufte Osram-Produktionslinie zum Verkauf anbot!

Frau Breuel, daraufhin befragt, schwor, nie davon gehört zu haben: ›Wir haben uns mit Narva besonders viel Mühe gemacht, weil wir wussten, dass es Unruhe gab. Die Diskussion ist deswegen hochgekommen, weil die IG Metall Sorge hatte, dass das Unternehmen stillgelegt werden sollte und einen entsprechenden Brief vermutete. Aber da haben wir uns vergewissert, den Brief gab es nicht, und ich bin überzeugt, die richtige Entscheidung getroffen zu haben.‹

Zu diesem Zeitpunkt hatte der Geschäftsführer der Klingbeil-Gruppe, Klaus Groenke, bereits die Echtheit des Briefes bestätigt – allerdings versäumt, die Treuhandchefin davon in Kenntnis zu setzen.« (Zitiert aus: Knut Holm: *Treuhand oder Ramschhand? Zitate, Fakten, Gedanken*. Spotless-Verlag 1991.)

Mein Herz wandert zurück
und verlangt Asyl in der Vergangenheit,
den Weg pflastern zerbrochene Träume.
Die Zukunft vergess ich gern.
Mit der Erinnerung wächst
die bleierne Angst vor dem Heute.
Was bleibt ist Sehnsucht.
(Gedicht einer Narva-Arbeiterin, 2013)

Berliner Metallhütten und Halbzeugwerke. Dieser VEB war zum 1. Januar 1951 aus 1949 verstaatlichten Betrieben gegründet worden. Die Produktionsstätten befanden sich an beiden Ufern der Spree und gehörten zu den Treptower Ortsteilen Niederschöneweide und Oberschöneweide. Der Betrieb beschäftigte bis zu 2.300 Mitarbeiter. In den fünfziger Jahren wurde das Kulturhaus »Ernst Schneller« errichtet. Das Werk unterhielt einen eigenen Betriebskindergarten, das Betriebsferienlager auf dem

Eichhof bei Lychen und das Betriebsferienheim »Zum Klausner« auf der Insel Hiddensee.

Nach 1990 wurde es stillgelegt.

Sternradio. Auf der Leipziger Herbstmesse 1957 hatte der VEB Stern-Radio Berlin seinen ersten Fernsehempfänger »Weißensee« und den Projektionsempfänger »Panke« vorgestellt. Das sorgte für Aufsehen, und einige »Experten« bezweifelten, dass Stern-Radio Berlin überhaupt imstande sei, Fernsehgeräte zu produzieren. Ende 1957 kam die überraschende Mitteilung, dass das Werk bereits 1.000 Stück produziert hatte. Sie kamen mit 30er und 43er Bildröhren vom Band.

Überhaupt sorgte das Werk auch sonst für Aufsehen. Im Februar 1959 war das Kulturgebäude an die Belegschaft übergeben worden. Die hatte 16.871 Aufbaustunden im Nationalen Aufbauwerk (NAW) geleistet. Das Gebäude wurde zum Zentrum des kulturellen Geschehens im Betrieb. Es gab Gesangsstunden und monatliche Tee-Nachmittage. Ein Tanzpädagoge leitete den Volkstanz und Fachleute den dramatischen Zirkel. Im oberen Stockwerk fand später die Bibliothek Platz, im unteren befanden sich der Kultur- und Essensaal und die Küche, in der für die gesamte Belegschaft gekocht wurde.

Für die Produktion wurden aus Japan (z. B. Toshiba) moderne Bestückungsautomaten für Leiterplatten importiert. Eine neue Plastgalvanik trug zu wesentlichen Verbesserungen der Gehäuse-Attraktivität bei. Die Farbpigmente für die mitunter knallig bunten Gehäuse, die vor allem bei Jugendlichen sehr beliebt waren, wurden importiert.

Einen besonderen Clou landete Stern-Radio Berlin mit den in japanischer Lizenz gefertigten Kassettenlaufwerken der MU300-Reihe, die mit motorunterstützten Tasten einen hohen Bedienkomfort boten. 1990 war trotz modernster japanischer und amerikanischer Fertigungsanlagen keine Chance für das Werk. Eine von Fachleuten konzipierte Umstrukturierung wurde von der Treuhand verworfen und stattdessen die Liquidierung des Betriebes beschlossen. Am 30. Juni 1991 wurden alle 3.300 Mitarbeiter entlassen.

Weißenseer Brauerei. Der Schriftsteller Stefan Heym: »Und alles, was noch einigermaßen brauchbar gewesen aus den Beständen der alten DDR, wird abgewickelt und vernichtet, und alle Werte, die man noch nützen könnte, Grund und Boden etwa und Gebäude, werden ihren eigentlichen Besitzern, dem Volk, unterm Hintern wegeskamotiert und zu Billigpreisen verscherbelt, an wen eigentlich, bitteschön, und, wie ich gerade in der Zeitung lese, wurden jetzt sogar eine Million Flaschen Weißbier, aus der auch von der Treuhand geschlossenen Weißenseer Brauerei, auf den Müll gekippt, weil die Treuhand die Lagerhalle, in der das Bier lag, einem Interessenten eilig zugeschoben hatte.

Wir sind das Volk – da hätten sie uns doch wenigstens jedem eine Flasche Bier geben können, mit den Komplimenten der Treuhand.

Die Sache hat natürlich ihren sozialen Sinn. Hat sich mal einer überlegt, warum immer die Ostbewohner, seien sie Arbeiter, Ingenieure, Verwaltungsleute, Ärzte oder was auch, ihre Jobs verlieren? Warum nicht auch mal ein westlicher Deutscher? Sind die im Osten wirklich fauler und dümmer als die Brüder und Schwestern drüben? Ich habe immer gefunden, dass ein östlicher Handwerker, wenn mal ein Ersatzteil fehlte, sich besser zu helfen wusste als der Westkollege; das Improvisieren hatte er ja jahrelang geübt.

Wo ist die Gleichberechtigung? Haben sich zwei Teile eines Volkes in Freiheit vereinigt, oder hat der eine, der reichere, sich den anderen, ärmeren, untertan gemacht und verfährt nun mit ihm nach Gutdünken, nach dem Gutdünken der Treuhand?« (Stefan Heym, *SUPERillu*, 1991)

BERNAU

1994 nahm man nicht einmal mehr auf Wahltermine Rücksicht. Über Nacht wurde mitgeteilt, dass der letzte Industriebetrieb in der Berlin-Vorstadt Bernau geschlossen würde. Das dortige Leiterplattenwerk – ein hochmoderner Betrieb – hatte die Treuhand 1991 an die Hüls Troisdorf AG verkauft, nachdem es aus dem Henningsdorfer Elektronikkombinat ausgegliedert worden war. Im Januar 1994 übernahmen die zur Ruhrkohle AG gehörenden Rüttgerswerke die Troisdorf AG, und Bernau wurde nach der Ausgliederung aus einem Kombinat in einen Teilkonzern eingegliedert. Der heißt Isola und stellt – reiner Zufall? – auch Leiterplatten her. Fortan werden die Platten »kostengünstiger« in Düren hergestellt, was bekanntlich in den alten Bundesländern liegt.

BISCHOFFERODE

Der kleine Ort in Thüringen war das wohl aufsehenerregendste Kapitel im Unrechtsstaat. Die Beteiligten zu dem Geschehen: Der Betriebsratsvorsitzende der Kaligrube, Heiner Brodhun: »Der Hungerstreik war in aller Munde. Im Bonner Kanzleramt appellierte man an unsere Einsicht, von der Gewerkschaftszentrale warf man uns vor, wir hätten uns verrannt. So geht man vielleicht mit ungezogenen Kindern um, aber nicht mit Menschen, die wissen, was Arbeit heißt. Und die zum äußersten Mittel greifen müssen, um sie zu behalten.

Das Todesurteil über die Kaligrube war bereits am 10. Dezember vorigen Jahres verhängt worden, als sich Treuhand, Mitteldeutsche Kali AG (MdK) und der in Kassel sitzende Vorstand von Kali und Salz auf ein Fusionskonzept einigten, in dem für Bischofferode kein Platz mehr war. Dabei hatte ein paar Monate zuvor, am 6. Juli, Thüringens Ministerpräsident Vogel (CDU) bei einem Besuch versichert, Bischofferode wird nicht geschlossen. Die gleiche Auskunft bekam der CDU-Bundestagsabgeordnete Reddemann noch im Oktober '92 in der Treuhandzentrale in Berlin. Schließlich waren 1991/92 noch Investitionen in Millionenhöhe für Brecher, Großgeräte, selbst für Computeranlagen getätigt worden. Die größte Sanierung lief noch im Herbst vergangenen Jahres, die Schachtsanierung des Wetterschachtes. Umso härter traf uns das Aus.

Man wollte uns für dumm verkaufen, indem man behauptete, die Weiterproduktion gefährde andere Kaliarbeitsplätze in Deutschland. Wenn Bischofferode bleibe, müsse eben ein anderes Werk schließen. Das ist aber eine Lüge. Kali ist nicht Kali, so wie Sand nicht Sand oder Kohle nicht Kohle ist. Unser Produkt ist freifließend, nicht staubend, es backt also nicht an und kann deshalb über längere Zeit gelagert werden – ein Vorteil, den die Kunden auf dem Weltmarkt, auch in der alten Bundesrepublik, schon vor der »Wende« zu schätzen wussten. Wir sahen auch für die Zukunft Chancen. Immerhin konnten wir den Stamm-Markt Nord- und Westeuropa nach 1990 halten. Unser Kali ist in der MdK auch nicht substituierbar, weder Zielitz noch Unterbreizbach oder Merkers können es herstellen ebenso wenig wir umgekehrt ihr Produkt. Die Berührungsängste wurden künstlich geschürt, um Entsolidarisierung unter den ostdeutschen Bergleuten zu erreichen. Was ja auch zum Teil gelungen ist.

Die nächste Lüge war, dass man von Seiten der westdeutschen Konkurrenz die Mitteldeutsche Kali AG im Allgemeinen und Bischofferode im Besonderen als so marode hinstellte, dass internationale Interessenten von vornherein abgeschreckt wurden. Angeblich habe man 40 eventuell interessierte Unternehmen ›kontaktet‹.

Ergebnislos. Kurioserweise fusionierte Kali und Salz, Tochterunternehmen des Chemieriesen BASF, letzten Endes mit der angeblich so heruntergewirtschafteten MdK. Noch im Dezember hatte man uns gesagt, wenn sich ein Investor findet, könnte das Werk auch privatisiert werden. Doch als sich in der Person von Herrn Peine aus Westfalen ein ernsthafter Käufer einstellte, war keine Rede mehr davon. Von dem Tag an war die Freizügigkeit der Vorstände und der Treuhand wie weggeblasen. Man pochte auf den Fusionsvertrag, den außer denen, die ihn unterschrieben haben, niemand kennt. Wahrscheinlich hält die Hardthöhe die Konstruktionsunterlagen des Jägers 90 nicht so geheim wie Finanzministerium und Treuhand die Einzelheiten dieses Vertrages.

Das machte uns misstrauisch. Offenbar fand hier eine Marktbereinigung statt. Da wir eine starke Konkurrenz darstellen, mussten wir ausgeschaltet werden …

Weil wir dieses Spiel aus Lügen und falschen Hoffnungen satt haben, wehren wir uns.

Täglich erreichen uns Briefe, Faxe, Geldspenden, auch aus dem Ausland, aus Holland, Österreich, Kanada, den USA, Kolumbien, Brasilien, es ist enorm.

Hätten wir uns in das stille Sterben gefügt, keiner würde groß von uns Notiz nehmen. Ein Abgang mehr auf der Endlosliste der Abwicklungen. Allein in Thüringen sind in den letzten drei Jahren drei Viertel aller Arbeitsplätze abgebaut worden, in den anderen ostdeutschen Bundesländern sieht's nicht viel besser aus. ›Bischofferode ist überall‹, die Losung habe ich, es ist schon Wochen her, auf Transparenten gelesen, mit denen Belegschaften vor der Berliner Treuhandzentrale demonstrierten. Inzwischen sieht man den Spruch überall.« (*Neues Deutschland*, 31.7.1993)

»Ein kleiner Ort im thüringischen Eichsfeld ist zum Symbol geworden für den Kampf der Ostdeutschen um ihre Arbeitsplätze. Bei der Erwähnung von ›Bischofferode‹ hat jeder das Bild hungerstreikender Kaliarbeiter vor Augen, erschöpft auf ihren Feldbetten, wütend über ihr Schicksal. Die ökonomischen Fragen um die Schließung der Kaligrube sind längst in den Hintergrund getreten. (...) die Arbeiter streiken weiter. Sie fordern nicht irgendeinen Arbeitsplatz. Sie wollen weiter Kali fördern. Sie wollen, dass sich in ihrem Leben nicht noch mehr ändert, als sich in den vergangenen drei Jahren ohnehin schon geändert hat. Ihr Verhalten ist irrational geworden: Was kann jemand, dessen Arbeitsplatz wegfällt, angesichts der Lage im Osten noch mehr wollen als eine neue Arbeit? Seit der Wende sind in den neuen Ländern Millionen von Arbeitsplätzen ersatzlos verschwunden. Die meisten Ostdeutschen haben den Umbruch hingenommen – so leise klagend, dass es im Westen kaum zu vernehmen war. 1,1 Millionen Menschen sind zur Zeit arbeitslos.

Ist die Stimmung im Osten umgeschlagen? Kommt vier Jahre nach der Wende nun der heiße Herbst, vor dem viele schon 1990, 1991 und 1992 warnten. Sicher ist: ›Die Stimmung‹ im Osten gibt es nicht, es gab sie nie. Jene, die Arbeit haben, die Geld verdienen, die die neuen Freiheiten genießen, trauern dem alten System keine Sekunde nach. Dies ist die eine Hälfte der ostdeutschen Bevölkerung. In der anderen Hälfte jedoch ist die Verzweiflung spürbar größer geworden und mit ihr die Wut. Viele werden das Gefühl nicht mehr los, vom Westen ›über den Tisch gezogen worden zu sein‹. Eine Dolchstoßlegende droht sich auszubreiten. Die Wut der Menschen im Osten richtet sich gegen die Bundesregierung, die Landesregierungen und vor allem gegen die Treuhandanstalt. (...) Die Betriebsräte anderer großer

Treuhandunternehmen haben zur Kenntnis genommen, dass erst der erpresserische Druck eines Hungerstreiks Politiker zu lange erhofften Garantien zwingt. (...) Der SPD-Bundestagsabgeordnete Wieland Sorge, stellvertretender Vorsitzender des Treuhandausschusses, hungerte sogar in Bischofferode mit. Gregor Gysi (PDS) war als einer der ersten im Schacht, um seine Solidarität zu beweisen.« (*Frankfurter Allgemeine Zeitung*, 13.8.1993)

Kirche kontra Treuhand. Diese Entscheidung ist – im Blick auf die Bergleute in Bischofferode – eine ungeheure Provokation der Öffentlichkeit. Auf breiter Ebene war für den Erhalt des Schachtes eingetreten worden. Die Schließung des Kali-Schachtes, der gegenwärtig noch zu 85 Prozent ausgelastet ist und auch über Abnehmer seiner Produktion verfügt, darf nicht hingenommen werden. (...) Der von einem Treuhandvertreter gegebene Hinweis, die Produktion in Bischofferode könne nach Schließung des Schachtes durch Importe aus Kanada ersetzt werden, ist eine Verhöhnung der Bergleute und ihrer Situation. (Bischof Christoph Demke, Magdeburg, 1.8.1993)

BITTERFELD

Von den einst 15.000 ORWO-Beschäftigten waren nach zwei Insolvenzen 250 Arbeitsplätze übrig geblieben. Peter Ulbricht erinnert sich an trotzige Gedanken: »Irgendwas muss doch übrig bleiben!« Tatsächlich klopften die Filmhersteller Agfa und Ilford an, prüften die Maschinen – und winkten ab, denn die Technik war hoffnungslos veraltet, der osteuropäische Markt existierte nicht mehr. Auf dem Weltmarkt vermisste niemand ORWO. Nahezu alle Gebäude wurden abgerissen, auf einem Areal, das so groß ist wie ein ganzer Stadtteil. Nur einige Werkshallen blieben darauf stehen, Wildwiesen überwuchern heute den Rest. Nach der Wende waren zwei Drittel der Arbeitsplätze in der Region verlorengegangen, aus der Stadt Wolfen zog jeder zweite der einst über 40.000 Einwohner fort, Tausende Wohnungen wurden abgerissen.

BLANKENSTEIN

»Drei Traditionsbetriebe waren zu DDR-Zeiten Arbeitsstätte für viele hundert Werktätige. Die Lobensteiner Maschinenfabrik (LOMAFA) in der Poststraße, die Brauerei in Lemnitzhammer und die Kontex in Blankenstein sind inzwischen abgerissen – drei VEBs, die in der Marktwirtschaft untergingen. Die Fabrik an der Selbitz hatte etwa 400 Beschäftigte. Zirka 355.000 Blusen, Hosen und Blazer produzierte der volkseigene Betrieb 1989. Ein großer Teil davon ging in den Export, vor allem in die Sowjetunion. Die Anfänge reichen in das Jahr 1954 zurück, als ein kleiner Privatbetrieb volkseigen wurde ... (...) Mitte der 1970er-Jahre entstand ein neues mehrstöckiges Produktionsgebäude. (...) Vom Neubau in Blankenstein profitierte auch die Gemeinde. Als Nachfolgeinvestition entstanden eine Turnhalle, ein Kindergarten und ein Block mit zwölf Wohnungen. Wer bei Exquisit in der DDR einkaufte, der fand im Sortiment auch Erzeugnisse der Kontex. Auch Frauen in der Bundesrepublik trugen in Blankenstein Genähtes. Der Export ins nichtsozialistische Wirtschaftsgebiet (NSW) wuchs jährlich. (...) Wenn im Oktober der Jahrestag der DDR näher kam, dann gab es immer Auszeichnungen. Den Orden ›Banner der Arbeit‹ nahmen 1971 Paul Morgenstern, Betriebsdirektor, und Inge Firl, Vorsitzende der Betriebsgewerkschaftsleitung (BGL), entgegen. ... Reservistenkollektive der NVA gab es in fast jedem VEB. Ebenso Urlaubsdomizile. Werktätige des Betriebes erholten sich mit ihren Angehörigen in Dranske auf Rügen, in Grevesmühlen oder am Senftenberger See. Nach der Wende verfügte die Treuhand über die Kontex. Die Privatisierung blieb wie bei vielen anderen Betrieben erfolglos. Später wurde im Erdgeschoss ein Verbrauchermarkt eingerichtet. Die Agrofarm Knau verkaufte Wurst und Fleisch. Beide Einrichtungen schlossen.

Mitte 2010 begann der Gebäudeabriss.« (*Ostthüringer Zeitung*, 28.5.2015)

BOIZENBURG

Die DMS AG war eine Nachfolgeeinrichtung des volkseigenen Kombinats Schiffbau. Unter der Regie dieses Kombinats waren Aufträge und Abarbeitung aller Werften in der DDR bis 1990 koordiniert. Nach der Okkupation durch die Treuhand übernahm eine Unternehmensgruppe Petram und Brand die Werft. Nach der Zahlungsunfähigkeit des Hauptauftraggebers wurde 1997 die Insolvenz beantragt. In der Werft waren fast 500.000 BRT/BRZ an Schiffsraum gebaut worden bis hin zu Schwimmkränen und Schwimmrammen. Mit der Insolvenz endete der traditionelle Schiffbau in Boizenburg.

CHEMNITZ

Barkas. Am 10. April läuft der 1.900ste B1000-1 und damit der überhaupt letzte B1000 vom Produktionsband in Hainichen. Der Fahrzeugbau in der Region Frankenberg/Hainichen existiert damit nicht mehr. (Zahlenangaben über die Stückzahl B1000-1 variieren mitunter stark, belegt ist die Herstellung von 1.928 Motoren BM 880 und 15 Motoren BM 881 – Quelle: Horst Klautke, ehemaliger Barkasianer.)

Im Zeitraum Januar bis April baut das Transporterwerk Frankenberg 10 Vorserienfahrzeuge mit Zweikreis-Schwimmsattelscheibenbremsen für die Vorder- und Hinterachse in Kombination mit 14-Zoll-Radialbereifung und einem ungeregelten 3-Wege-Katalysator mit dem Ziel, diese Weiterentwicklungsstufe etwa Oktober/November 1991 in die Serienproduktion zu überführen.

Die Produktionseinrichtungen werden demontiert und sollen später in Russland wieder aufgebaut werden. Aus finanziellen Gründen wird dieses Projekt nicht mehr realisiert, die meisten Fertigungseinrichtungen werden verschrottet – doch die Ära der »Barkasse« ist damit noch längst nicht zu Ende!

Einige Bereiche der ehemaligen Barkas-Fertigung werden privatisiert. So geht die »HTM Härtetechnik und Metallbearbeitung GmbH« aus der ehemaligen Barkas-Härterei hervor, während Teile des Vorrichtungsbaus in die »Hörmann-Barkas Industrietechnik GmbH« (mit neuem Geschäftsfeld) eingehen.

VEB Fritz Heckert. Nach der Kombinatsbildung war die Produktion bis 1989 von 500 auf 2.500 Werkzeugmaschinen pro Jahr gestiegen. 1989 lag der Umsatz des Kombinats bei 900 Millionen DDR-Mark. Über 70 Prozent der Maschinen wurden in die Sowjetunion exportiert, weitere 10 Prozent in die anderen Staaten der im Rat für Gegenseitige Wirtschaftshilfe (RGW) vertretenen Länder. Mitte der 1980er Jahre wurden allein im VEB Werkzeugmaschinenkombinat Fritz Heckert 40 Prozent aller Werkzeugmaschinen der DDR hergestellt. Zu diesem Zeitpunkt war dessen wirtschaftlicher Höhepunkt jedoch bereits überschritten. Die in die Fertigungslinien eingebauten numerischen Steuerungen genügten auf Dauer nicht den Ansprüchen insbesondere westlicher Käufer, auf deren Devisen die DDR-Wirtschaft angewiesen war. Hinzu kamen die Kosten für soziale Sicherung: eigene Betriebskindergärten, medizinische Versorgung in der Werkspoliklinik und zwei eigene Ferienheime.

Nach 1990 geriet auch das Kombinat in Schwierigkeiten. Zunächst begann man zwar mit einer GmbH, die 4.300 Beschäftigte aufzuweisen hatte, aber 1993 folgte die Privatisierung. In den Hallen waren noch 380 Arbeiter tätig, sehr bald nur 350 und dann bald nur noch 200.

COLDITZ

Porzellanwerk. 2005 ein nicht benannter Besucher: »Interessante Technik hatte Colditz aber durchaus zu bieten. Der Verwalter scheute keine Mühen und führte uns stundenlang in fast jeden Raum des Werkes, so dass wir einen recht umfangreichen Einblick in die Produktionsschritte der Keramik erhielten. An einigen Stellen standen noch große Maschinen, bereits ausgebaute Aggregate, halbabgerissene Ofenlinien oder riesige Stapel von Transportkisten, die die einstigen Herstellungsmengen des Werkes nur erahnen ließen. In einem Büroraum, der nur umständlich über Leitern und das Dach zu erreichen war, da die Türen vernagelt werden mussten, fanden sich drei komplette A5110 Computer, in einer anderen Halle noch weitere. Abgesehen vom Transportaufwand wären diese Rechner zu diesem Zeitpunkt wohl durchaus noch zu retten gewesen, zumal recht selten, doch fehlte uns für derart umfangreiche Technik einfach der Raum. Im Bürogebäude waren in einer fensterlosen Kammer noch ein Bürocomputer EC1834, ein A7150, eine Schreibmaschine Erika 3004 sowie diverse Bürotechnik eingeschlossen. Im alten Kraftwerk stand ein Analysecomputer für Feuerungsanlagen auf U880-Basis, hergestellt von FORON. (...)

Einiges der Technik musste erst durch die verbliebenen Manager des Werkes freigegeben werden, so dass wir nur recht wenig von unserer ersten Tour mit nach Hause nahmen und im Sommer den Rest holen durften. Wieder zeigte sich Herr Schulze sehr freundlich, und die Atmosphäre in dem Gebäude hatte sich durch zunehmende Trockenheit und Erwärmung deutlich gebessert. Mittlerweile hatten Unbekannte auch die (vermutlich selbstentwickelten) Ziffernschlösser (U880) an den Türen der MSR-Werkstatt zerstört, und wir mussten die Krümel mühsam zusammensammeln. Die anderen Rechner sollten keinen Retter mehr finden, und knapp zwei Monate später begann der Abriss der gesamten Bebauung, welcher sich einige Zeit hinziehen sollte. Der Wächter des Werkes mit seinem treuen Hund wird nun wohl anderen Aufgaben nachgehen oder seinen Garten pflegen, und in einer nicht so fernen Zukunft werden sich nur noch wenige der wichtigsten und größten Arbeitsstätte der Stadt erinnern. Die Bahnverbindung ist auch schon gekappt worden – nur per Bus kommt man noch nach Colditz.« (Aus dem Archiv des Werkes im Internet)

COTTBUS

Aus den vier größten Tuchfabriken wurde 1968 das Textilkombinat Cottbus (TKC) gebildet. Dort wurde auf Strickmaschinen Polyestergarn zu textilen Flächen verarbeitet. Die umfassende Technologie und das Vereinen aller Stufen bei der Herstellung von Textilien an einem Standort und in dieser Größenordnung war im Europa der 1970er Jahre einmalig. Das TKC als Stammbetrieb hatte sich auf die Produktion von Damenoberbekleidung aus großrundgestricktem Material spezialisiert, in dem Chemiefaser aus Guben verarbeitet wurde. Im August 1979 wurde für den Stammbetrieb des Cottbuser Textilkombinats ein Wohnheim mit 175 Plätzen im Bildungszentrum übergeben, wodurch weitere Arbeitskräfte für die Sicherung der Produktion nach Cottbus ziehen konnten. 1985 wurde die Produktion von Textilien im Großrundstrick-Verfahren im TKC eingestellt. Um am Markt konkurrenzfähig zu bleiben, wurde die Chemiefaser veredelt, es wurde Polyesterseide in verschiedenen Feinheiten hergestellt und Teppichgarn. In den Räumen des TKC versuchte ein Teil der Belegschaft 1990 einen Neubeginn unter dem Logo »Textil und Konfektionsbetrieb GmbH«. Am 13. Oktober 1993 erfolgte die Liquidation des Unternehmens. Die Rhotex Texturgarne Cottbus schlossen am 31. Dezember 1999.

Nach dem Zweiten Weltkrieg existierten 17 Tuchfabriken in der Stadt. 1954 wurde der VEB Textilbetrieb Cottbus gegründet. Die konzentrierte Produktion startete der VEB Textilkombinat Cottbus wie nirgends sonst in Europa. In den siebziger Jahren sorgte »Präsent 20« für reichliche Exporte. Nach 1990 war es nicht möglich, die Produktion im Cottbuser TKC zu erhalten.

Den schon zu Beginn der neunziger Jahre begonnenen Betriebsstilllegungen folgte Mitte 1992 eine zweite Phase. Betroffen waren die Finsterwalder Feintuche, die Tuchfabrik Cottbus, die Gubener Wolle, die Spremberger Textilfabrik und das Bekleidungswerk Forst. So verringerte sich allein zwischen 1991 und 1993 die Zahl der Beschäftigten von 11.300 auf 1.400, die Zahl der Betriebe von 51 auf 20. Seit 2008 gab es faktisch keine Tuchindustrie mehr in Cottbus.

CROSSEN

Der volkseigene Zellstoff und Papier produzierende Betrieb war bald nach 1990 stillgelegt worden. Stehen blieb lange der »Säureturm«, ein stattliches und die Landschaft prägendes Bauwerk, das aber im August 2008 gesprengt wurde.

DÖLLNITZ

Die *Mitteldeutsche Zeitung* am 5. Februar 2013: »Die Lackfabrik in Döllnitz steht seit über 20 Jahren leer. Im Herbst soll sie abgerissen werden.«

DRESDEN

Dampfkesselbau. Die Firma wurde 1990 privatisiert und von der TTU aus Ulm übernommen. Danach wurden in Einzelfertigung komplette Kesselanlagen sowie Zubehörteile für den Schiffsbau produziert und an verschiedene Unternehmen im In- und Ausland geliefert. 1998 wurde die Firma unter Zwangsverwaltung gestellt und ging 2001 in Insolvenz.

Schokoladenfabrik. Im Zuge des Zusammenschlusses mehrerer Betriebe kam es zu einer Umstrukturierung des Produktionsprogramms. Die Pralinenproduktion wurde eingestellt und stattdessen die Herstellung von Schokoladengrundmassen, Fondantmasse, Vollmilchpulver und anderen Kakaoprodukten erweitert. 1984 wurden verschiedene Schokoladen, Marzipanartikel und Kakaomassen hergestellt. Bis 1989 wurden auch Marzipankartoffeln für ein Kölner Unternehmen produziert und auch andere Süßwaren als Lohnproduktion in Dresden hergestellt. In solchen Fällen wurde als Herkunftsbezeichnung nicht »Made in West Germany«, sondern »Made in Germany« aufgedruckt.

Nach 1990 war versucht worden, »Elbflorenz« umzustrukturieren und an westdeutsche Unternehmen zu verkaufen. Da diese jedoch kein Interesse zeigten, wurde Anfang 1990 die Produktion in den Dresdner Werken I und II eingestellt. Die Betriebsteile Schwerter und Vadossi wurden abgerissen.

Pentacon. »Wolfgang Männchen, 52, zuckt zusammen. Die dröhnige Lautsprecherstimme – ›Niemand mehr? Niemand mehr?‹ – schmerzt, die kurzen Schläge des Hammers bereiten ihm Qualen.

Er hat es so gewollt. Männchen will dabei sein, wenn sein Tisch, sein Stuhl, sein Zeichenbrett und seine Kaffeemaschine im Festsaal des Gasthauses *Goldener Löwe* in Freital bei Dresden versteigert werden. 1957 fing der gelernte Maschinenschlosser beim Dresdner Kamerahersteller Pentacon an. Jetzt kauert er in der letzten Stuhlreihe. In der rechten Hand hält er seinen Mopedhelm, in der linken den Versteigerungsprospekt. ›Alles ist weg‹, sagt er wie zu sich selbst, ›alles ist weg!‹

Von Position 1, einer Präzisions-Tischbohrmaschine, bis zur Position 5929, dem Drehdiamanten, ist alles aufgeführt, was vor kurzem noch Männchens Firma war. Am Tage der Auktion beginnt die Demontage. (...) Zu kostendeckenden Preisen wurden die Dresdner ihre Kameras bei westdeutschen Händlern wie Photo-Porst und Quelle nicht mehr los. (...) Auktionator Arnold Troostwijk, ein Holländer, lässt den Hammer aus der Hand rutschen, greift sich fahrig ins lichte Haar. Die Monitore ringsum zeigen die rostigen Überreste von Pentacon. Keiner der 70 Versammelten rührt die Hand. ›Das ist doch wirklich Wahnsinn‹, stöhnt Troostwijk.

Position 67, eine Fräsmaschine aus dem Chemnitzer Fritz-Heckert-Kombinat, will niemand haben. Zumindest nicht für 35.000 Mark, das Mindestgebot.

Der Mann auf der Bühne greift erneut sein Schlagwerkzeug. ›Wir probieren es jetzt mit der Hälfte!‹, ruft er entnervt. Auf der Leuchttafel hinter seinem Rücken flammt tiefrot die Zahl 15.000 auf.

Das Publikum, wenige sächsische Mittelständler, einige Pentacon-Arbeiter, vor allem Großhändler aus Holland, England und der Schweiz, bleibt stumm. Wolfgang Männchen leidet und drückt den Mopedhelm dichter, noch dichter an sich heran.

Für 12.000 Mark wird Troostwijk die Ost-Fräse endlich los. Er knallt den Hammer auf die Pressspanplatte.

Männchen zuckt zusammen. Bei Pentacon war er zuletzt zuständig für die Bestellung von Drehbänken und Fräsmaschinen. Er kennt die alten Preise, er weiß, wie trickreich das Gerät besorgt wurde. Eine Marktwirtschaft, in der man Maschinen per Handzeichen ordert und nur Schleuderpreise zahlt, empfindet einer wie er als grausam. Und irgendwie auch als unseriös.

›Ich bin der Mann, der den Tod organisiert‹, sagt der Deutschlandchef der Troostwijk-Gruppe, Jacques Hendriksen. Er zuckt die Achseln. ›Vielleicht‹, meint er, ›ist es besser, dass ein Holländer und kein Deutscher diese Arbeit erledigt.‹

85 Prozent der Erlöse kassiert die Berliner Treuhandanstalt, den Rest behält Troostwijk. (...) 400 Ex-VEB werden derzeit vom Liquidator zerlegt. Für die Großhändler ist schon das Ende von Pentacon ein Glücksfall. Lastwagenweise können sie billige Secondhand-Maschinen in ihre Lager karren. ›Die Preise sind gut, sehr gut‹, sagt Robert Bouland, Eigentümer der britischen Fairfield Industries Ltd.

Gewissenhaft notiert Wolfgang Männchen die Preise, die Bouland und andere Händler zahlen. In zwei Wochen, wenn die Techniker seiner alten Werksabteilung zum Ehemaligentreff zusammenkommen, soll er berichten. Die einstigen Kollegen wollen wissen, was die Stahlschränke, die Polar-Tiefkühltruhe und Hunderte von Zeiss-Mikroskopen gebracht haben. (…) Die unverkäuflichen Überbleibsel werden am nächsten Tag verschrottet. Nur das rostige Schild am Hauptportal wird den Tag des Abschraubens überdauern. ›Aktivisten der ersten Stunde‹, heißt es kaum noch leserlich, ›legten den Grundstein für den sozialistischen Großbetrieb VEB Kombinat Pentacon Dresden.‹« (Knut Holm, *Treuhand oder Ramschhand?*, 1991)

EBERSBACH

Auf der Grundlage der Produktion von Kriegsmaterial folgte 1946 die Enteignung des Unternehmens und die Neugründung als VEB Spinnerei und Weberei Ebersbach. 1969 folgte der Zusammenschluss mit zwei weiteren Betrieben zum VEB Buntspecht. Mit der Formierung der Kombinate folgte die Eingliederung in den Großbetrieb VEB Lautex, ein Zusammenschluss der meisten Textilbetriebe in der Oberlausitz. Als einer der größten Betriebe erhielt das Werk in Ebersbach ständige Investitionen in neue Maschinen. 1977 wurde die Jeansgewebeproduktion aufgenommen. Mit den Veränderungen nach 1990 konnte die Produktion in den alten Gebäuden nicht mehr fortgesetzt werden. Im Februar 1991 wurden die Spinnmaschinen für immer abgeschaltet, nach 86 Jahren wurde es plötzlich wieder ganz still in den Hallen. 1993 pachtete die Firma Colour-Denim die Fabrikanlage und führte für ein Jahr die Jeansgewebestoffproduktion fort. Am Ende waren noch 80 Arbeiter in der Produktion. Kaum waren die letzten Maschinen abgeschaltet, wurden sie auch verpackt und nach Asien weiterverkauft, es folgte die Ausschlachtung des zum Tode erklärten Kolosses. Die alte Stammfirma wurde 1996 abgerissen, das Hauptwerk wartet seither auf dieses Schicksal.

EBERSWALDE

Die bis 1990 ansässige Schwerindustrie ging unter. Die großen Betriebe existieren nicht mehr. Im Kranbau Eberswalde arbeiteten 1989 rund 3.500 Werktätige. Heute sind es noch 130. Das Walzwerk Finow hatte zur Wende 2.500 Mitarbeiter, bei der Stilllegung am 31. März 2012 waren es noch 145.

Mit dem Namen der Stadt verbunden ist auch die EWG Eberswalder Wurst GmbH/EFG Eberswalder Fleisch GmbH. Bekanntestes Produkt sind wahrscheinlich die Eberswalder Würstchen. Das frühere Schlacht- und Verarbeitungskombinat (SVKE) zählte 1989 mit rund 3.000 Erwerbstätigen zu den größten Fleischwerken in Europa. Heute arbeiten in dem Betrieb circa 250 festangestellte Personen.

EILENBURG

1949 entstand das »Baustoffmaschinenwerk Eilenburg«. Am 1. April 1951 schlossen sich dieser Betrieb und die MELSA Maschinenfabrik zum VEB EBAWE Eilenburger Baustoffmaschinenwerk zusammen. Das EBAWE verfügte über drei Standorte im Stadtgebiet. In den 1960er Jahren entwickelte das wissenschaftlich-technische Zentrum Baukema mit dem Tunnelschalverfahren eine neue Bauweise. Zur Erprobung des Verfahrens entstand das stadtbildprägende Hochhaus am Eilenburger Gabelweg als Experimentalbau. Als Hauptauftragnehmer für die Ausrüstung der Plattenwerke der DDR war dem EBAWE eine aussichtsreiche Zukunft beschieden.

Durch den großen Bedarf an Maschinen in den Plattenwerken entstand ein Neubau vor den Toren der Stadt. Es entstanden ab 1977 mehrere Fabrikhallen, ein Bürogebäude, ein Wasserwerk, eine Berufsschule, ein Sozialgebäude mit Arztstation und Betriebskonsum, eine Betriebsgaststätte und ein Bahnanschluss. Bis 1987 wurden alle Betriebsteile am neuen Standort vereinigt, das EBAWE war zu diesem Zeitpunkt mit etwa 1.200 Mitarbeitern der zweitgrößte Arbeitgeber der Stadt nach dem Chemiewerk.

1990 wurde das EBAWE privatisiert. Mit dem Übergang zur Marktwirtschaft ging die Entlassung des Großteils der Belegschaft einher. Von den rund 1.200 Beschäftigten Ende der achtziger Jahre verblieben 2010 noch knapp über 70. 1992 wurde der Anschlussbetrieb eingestellt. Das ehemalige Werk 2 wurde etwa 2007 abgebrochen; auf dem Gelände wurde ein Discount-Markt errichtet.

EISENHÜTTENSTADT

Die Einheimischen mussten nach dem Untergang der DDR mit Arbeitslosigkeit, Abwanderung und dem Bedeutungsverlust ihrer Stadt kämpfen. 1990 lebten hier mehr als 50.000 Menschen, wie die heutige Bürgermeisterin Dagmar Püschel (Die Linke) sagt. Gegenwärtig gebe es nur noch knapp 31.000 Eisenhüttenstädter, der Altersdurchschnitt liege bei rund 48 Jahren. »Viele junge Leute verlassen die Stadt, weil sie für sich keine Perspektive sehen.«

Die Arbeitslosenquote gibt Püschel mit zwölf Prozent an. Die Zahl der sozialversicherungspflichtigen Beschäftigten steige jedoch, sagt die Bürgermeisterin. Während das Stahlwerk einst 12.000 Menschen Arbeit geboten habe, seien heute im Werk von ArcelorMittal und den Betrieben in seinem Umfeld nur noch die Hälfte beschäftigt.

Drei schmucke Wohnkomplexe stehen heute in Eisenhüttenstadt unter Denkmalschutz – andere der einst begehrten Wohnungen wurden wegen Leerstandes abgerissen. Von 2003 bis Ende vergangenen Jahres verschwanden mehr als 4.400 Wohnungen, gerade bei den stark verwurzelten Eisenhüttenstädtern ein nicht unumstrittener Vorgang, wie die Bürgermeisterin berichtet.

Die 76 Jahre alte Eisenhüttenstädterin Inge Grund zeigt sich skeptisch. »Man hat manchmal den Eindruck, es geht den Bach runter«, sagt sie und lässt ihren Blick über die Straße der Republik, eine der Magistralen, schweifen. Vor Jahrzehnten seien die Menschen glücklich gewesen, wenn sie eine der begehrten Wohnungen bekommen konnten. Heute stehe vieles leer. Die Hoffnung für ihre Stadt will sie aber trotzdem nicht aufgegeben. (...) (*n-tv*, 27. August 2010)

ELSTERBERG

VEB Kunstseidenwerk Clara Zetkin. »Zersprungene Scheiben, Graffiti, Unkraut. Das Kunstseidenwerk ›Clara Zetkin‹ ist nur noch eine gespenstische Ruine. Nackte Wände spiegeln sich in den Pfützen auf dem Hallenboden des ehemaligen volkseigenen Betriebs. Vor 25 Jahren spulten hier Tausende Arbeiter Kohle und Erdöl zu dünnen Kunstseidenfäden, in grellem Neonlicht, das die Arbeit rund um die Uhr ermöglichte. Heute hängen Stromkabel von den Decken wie dicke Spinnweben.

Der Leipziger Fotograf Maix Mayer hat Industrieruinen wie diese in seinem Bildband *Die vergessenen Orte der Arbeit* festgehalten. Im Winter 2012 streifte er stundenlang durch ausgestorbene Fabriken und Kraftwerke, von Magdeburg über Leipzig bis Görlitz. ›Die VEB-Gelände sind teilweise bis zu 15 Hektar groß, Tausende Beschäftigte gingen aus und ein, regelrechte Kleinstädte‹, sagt Mayer. Als er im Dezember durch die 150 Meter lange Werkhalle der Viskosespinnerei in Elsterberg ging, hallten seine Schritte in den Räumen.

Der Leipziger verbrachte Tage in den brachliegenden, ungesicherten Fabrikhallen, in denen das Regenwasser am Boden gefror. Doch das nahm er in Kauf: Architekturfotografen wie er hätten schließlich die Aufgabe, mit ihrer Arbeit ein Stück Trauerarbeit zu leisten. ›Etwas zu schaffen, woran die Leute sich erinnern können.‹

Der 53-Jährige ließ sich bis zur Dämmerung auf den Werksgeländen einschließen, denn frei begehbar sind die Ruinen auch heute nicht. Meist wachen ehemalige Angestellte der Betriebe über die Orte, an denen viele von ihnen immer noch sehr hängen. In der Elsterberger Kunstseidenfabrik öffnete ihm Wolfgang Haupt das Werktor. Er war dort von 1965 bis 2008 Kraftwerksleiter. Manchmal geht der 64-Jährige noch zum Fabrikgelände, doch es macht ihn traurig. ›Mich erfüllt dieser Ort mit großer Wehmut‹, sagt Haupt. ›Ich habe mein ganzes Arbeitsleben in diesen Hallen verbracht.‹

Doch dann kam der 1. Juli 1990. (...) Trotz der Konkurrenz aus den Billiglohnländern waren die Elsterberger Textilprodukte weiterhin gefragt – bis 2009 trotz voller Auftragsbücher der Standort Elsterberg stillgelegt wurde. ›Wir waren so wütend‹, sagt Wolfgang Haupt. Wütend auf die letzten Besitzer des Werks, die ENKA-Gruppe in Wuppertal und die ICI-Gruppe in Frankfurt am Main. ›Ihnen ging es nie darum, einen Interessenten für das Werk zu finden. Es sollte von Anfang an dichtgemacht werden‹, behauptet Haupt. Es sei nur darum gegangen, die Maschinen zu verhökern. Die wurden mittlerweile demontiert und in Polen und Indien wieder aufgebaut.

Am Ende kaufte die Stadt dem Insolvenzverwalter die Industrieruine für den Symbolpreis von einem Euro ab. Dann kam der schleichende Zerfall der Fabrikhallen.

2008 bekam der ehemalige Kraftwerksleiter von der

damaligen Geschäftsleitung den Auftrag, die Geschichte der Fabrik in einer Werkschronik festzuhalten, denn ein Jahr später sollte die Kunstseidenfabrik hundert Jahre alt werden. Sie hat ihr Jubiläum nicht erlebt. Wolfgang Haupt schrieb die Chronik trotzdem zu Ende. Es war ein Stück Trauerarbeit. (Zum Weiterlesen: Maix Mayer: *Die vergessenen Orte der Arbeit*. Mitteldeutscher Verlag, Halle Saale 2013.)

EPPENDORF

Die *Stuttgarter Zeitung* am 12. Oktober 2014: »1976 hat Salamander mit den dortigen Machthabern vereinbart, in der DDR Schuhe zu produzieren. Um die ostdeutschen Schuhe von der West-Produktion unterscheiden zu können, hatten sie ihr eigenes Markenzeichen. Und der Ost-Lurchi hatte im Westen nichts zu suchen. Die Schuhfabrik VEB Kranich in Eppendorf bei Chemnitz (damals: Karl-Marx-Stadt) gehörte zu den ersten fünf Partnerbetrieben von Salamander in der DDR. (...) Schuhe wolle er kaufen, sagte der Mann, der sich als Generaldirektor der Berliner Import-Export-Gesellschaft (BIEG) vorstellte, und zwar 200.000 Paar. Ob Salamander die bis Weihnachten liefern könne? Der gewiefte Kaufmann Dazert schlug nicht gleich ein: ›Wir hatten die Lager voll bis an die Decke. Aber ich habe natürlich ein ernstes Gesicht gemacht und gesagt: ›Ob das geht, das weiß ich auch nicht‹‹, erinnert sich Dazert an den Herbst 1973. Natürlich ging es dann doch, denn gemessen an der Salamander-Jahresproduktion von 13 Millionen Paar Schuhen war das ein Großauftrag. Und es war der Auftakt für ein DDR-Geschäft, mit dem Salamander zum Vorreiter in Deutschland wurde. In den folgenden Jahren wurden dann jeweils 400.000 bis 500.000 Paar Schuhe in den Osten Deutschlands geliefert, wo sie in den teuren Exquisit-Läden an jene DDR-Klientel verkauft wurden, die etwas besser bei Kasse war. 1976 kam dann der zweite Paukenschlag. Salamander vereinbarte mit dem Außenhandelsunternehmen Interpelz eine Lizenzproduktion in der DDR, genannt Gestattungsproduktion. Dazert: ›Die DDR wollte den Begriff Lizenz nicht, das klang ihnen zu sehr nach Kapitalismus. Sie schlugen Gestattungsproduktion vor, was für uns auch in Ordnung war.‹ In acht DDR-Schuhfabriken durften pro Jahr bis zu fünf Millionen Paar Salamander-Schuhe für den Bedarf in der DDR hergestellt werden. Außerdem sicherte der zweite deutsche Staat den Kauf von 500.000 Paar Salamander-Schuhen pro Jahr aus westlicher Fertigung zu. Das Engagement hat Dazert viel Lob als ›Ostpionier‹ eingetragen und seinem Unternehmen sehr geholfen. Die Lieferungen in die DDR glichen Einbußen auf den angestammten Märkten aus und die Lizenzeinnahmen, die intern als ›beträchtlich‹ bezeichnet werden, konnten sogar steuerfrei vereinnahmt werden. (…) Der allergrößte Teil der westdeutschen Wirtschaft hat die DDR erst nach dem Fall der Mauer entdeckt. Gleichwohl ist der Pionier Salamander in den Jahren zuvor nicht alleine auf dem Markt gewesen. Mehr als 100 Westfirmen stellten ihre Markenartikel auch in DDR-Kombinaten her, von Hautpflegecreme (Nivea) und Autoradios (Blaupunkt) über Batterien (Varta) und Miederwaren (Triumph) bis zu Zigaretten (BAT) und Pralinen (Trumpf). (…) Von einer maroden DDR-Wirtschaft hat der Produktionsfachmann jedenfalls nichts gemerkt. ›Auch die Ausstattung der Betriebe war top. Von der Produktionstechnik her war die DDR auf dem gleichen Niveau wie wir.‹ (…) Salamander hat nach Dazerts Angaben nie Probleme mit dem Geldeingang gehabt. Der Exchef: ›Wir hatten einen Partner, der immer gezahlt hat. Aber natürlich haben wir geholfen zu überlegen, wie man denen das schmackhaft machen kann.‹ (…) Trotz der intensiven Kenntnis des DDR-Marktes wurde auch Salamander vom Kollaps des Systems überrascht. Gerade mal zwei Monate vor dem Fall der Mauer unterschrieb Dazerts Nachfolger Gerhard Wacker auf der Leipziger Herbstmesse den Vertrag zur Verlängerung der Gestattungsproduktion bis zum Jahr 1995. Dazert, der damals Aufsichtsratschef war, ist im Gespräch kurz angebunden und sagt nur, darüber wolle er nicht reden. Der Grund: Dazert ist dem Nachfolger gram, weil der die noch größere und wichtigere, allerdings defizitäre Produktion in der UdSSR beendete. Darin sieht Dazert einen der Gründe dafür, dass es Salamander heute nicht mehr gibt, sein Lebenswerk ruiniert ist.« (*Stuttgarter Zeitung*, 12.10.2014)

ERFURT

Schuhfabrik. 1952 erhielt die Erfurter Schuhfabrik den Namen »Paul Schäfer« nach einem KPD-Politiker. In den 1970er Jahren wurde mit der Modernisierung der überalterten Bausubstanz im Erfurter Norden begonnen. Ein Jahrzehnt später setzte die computergestützte Produktion auch fürs Ausland ein. 120 Jahre umfasste Erfurts Schuhgeschichte: zwischen den Anfängen mit Heimarbeitsaufträgen des privaten Schuhunternehmers Lingel bis zur volkseigenen Schuhfabrik mit Exportaufträgen. Ende der 1980er Jahre umfasste die Schuhfabrik zwölf Werke mit 28 territorial getrennten Produktionsstätten. Anfang der 1990er Jahre galt das Werk als größter Damenschuhproduzent Europas. Nach 1990 wurde das Unternehmen als Lingel GmbH neu gegründet, hatte jedoch kaum eine Chance, sich an die veränderte Marktsituation anzupassen. Mit der Übernahme durch die Treuhand verschwanden nicht nur Tausende Arbeitsplätze, sondern durch Abriss seit 2000 inzwischen auch die sichtbaren baulichen Zeugen dieses städtisch bedeutsamen Industrie-Kapitels. (*Thüringer Allgemeine*, 13.10.2012)

FALKENSTEIN

Die frühen Betriebsstätten in Falkenstein trugen ab 1945 und ab 1949 in der DDR den Namen VEB Falkensteiner Gardinen- und Spitzenwebereien (Falgard). Die daraus entstandene Plauener Gardine war ein Kombinat mit 10 Werken, zu denen neben Webereien, Bleichereien und Färbereien auch eine Druckerei gehörte. Nach 1990 ging der Absatz stark zurück. Etliche Betriebsstätten wurden stillgelegt, so auch das Gebäude der ehemaligen Textilweberei Schädlich. 1992 erfolgte die Privatisierung der Plauener Gardine und die Übernahme des ehemaligen Kombinats durch die Firma Hans Wiebe und die Textilgruppe Hof. 1994 erfolgte das Insolvenzverfahren. Zwischen 1995 und 1999 brach man in Falkenstein die Betriebsgebäude ab.

Aufschlussreich auch die Belegschaftsstärken: 1926: 750; 1975: ca. 2.000 (VEB Falgard, geschätzt); 1994: 69 (Thorey Gera); 2011: 75 (Gera).

FELDBERG

»Rund ein Jahr nach der Feldberger Heizkrise ist es ruhig geworden ums Kraftwerksgelände. Verriegelt und verrammelt ist das Betriebstor. Eine Information am Briefkasten weist darauf hin, dass hier keinem Verantwortlichen mehr die Post zugestellt wird. ›Betriebsstillegung‹, steht auf dem Zettel.

Die Nachwehen der Feldberger Kraftwerks-Pleite wirken aber bis heute nach. So schuldet der insolvente Kraftwerksbetreiber der Gemeinde noch Geld. ›Dazu gehören die nicht gezahlten Gewerbesteuerzahlungen, ausstehende Grundabgaben und Wegenutzungsentgelte‹, sagt Feldbergs Bürgermeisterin Constance Lindheimer (SPD). Im Insolvenzverfahren hat die Kommune Ansprüche angemeldet. Bisher lasse der Insolvenzverwalter aber nicht viel von sich hören. So fand erst eine Gläubigerversammlung statt und auch gegenüber dem Nordkurier äußerte sich der Insolvenzverwalter trotz mehrmaliger Nachfrage nicht zu Wort.« (*Nordkurier*, 29.4.2015)

FINOWTAL

»Das Finowtal bietet ein Bild der Idylle. (...) Doch ein Stück weiter ändert sich das Bild. Plötzlich tauchen am Ufer verfallene Industrieruinen auf. Neben der Drahthammerschleuse erhebt sich eine Halle aus Eisen und Glas, die wie die Kuppel eines alten Bahnhofs aussieht. Die Zeichen des Verfalls sind unübersehbar. Einige Fensterscheiben sind zerbrochen, andere fehlen ganz. Die gewaltigen Eisenträger haben schon sichtbar Rost angesetzt. Und an manchen Wänden haben Jugendliche ihre Graffiti hinterlassen. Dennoch strahlen die filigranen Hallenkonstruktionen eine eigenartige Faszination aus. Nicht weniger interessant ist ihre Geschichte. Denn zuerst stand die 1849 fertiggestellte Halle in den Borsig-Werken in Berlin-Moabit. Nach der Schließung des Werkes wurde sie 1899 abgebaut und nach Eberswalde versetzt. Seitdem gehörte sie zur Eberswalder Eisenspalterei. Bis in die neunziger Jahre hinein diente sie als Lagerhalle. Doch der Niedergang der Industrie machte auch sie überflüssig. Seit 1993 steht sie leer. Ein paar Meter weiter bietet sich erneut ein ungewöhnlicher Anblick. Dort wölben sich rätselhafte Eisenbögen über den grauen Brachflächen. Die verwitterten

Eisenkonstruktionen wirken fast wie ein Saurierskelett. In Wirklichkeit sind sie aber die Überreste einer Halle des Neuen Walzwerkes. Auch sie hat eine bewegte Geschichte. Ursprünglich gehörte sie zum ›Stettiner Bahnhof‹ in Berlin. Nach dem Neubau des Bahnhofes im Jahr 1876 verschlug es sie aber nach Eberswalde. Heute umgibt die Hallenruine ein eher morbides Flair. (...) Auf der anderen Straßenseite breitet sich eine riesige Brachfläche aus. Auf dem kargen Boden hat sich die erste Spontanvegetation angesiedelt. Dazwischen erheben sich Trümmerhaufen. Betonquader türmen sich wüst übereinander. Sie wirken wie bizarre Felsklippen. Hier befand sich die Chemische Fabrik Finowtal, die in den neunziger Jahren dem Abrissbagger zum Opfer fiel. (...) Zwischen den Industrieanlagen schlängeln sich rostige Eisenbahngleise. Hier hat sich die Natur ihr Terrain schon zurückerobert. Auf alten Weichen wachsen wilde Gärten. Zwischen Schwellen erheben sich junge Birken.« (*Der Tagesspiegel*, 20.10.2000 – nicht mehr aktuell seit der Landesgartenschau im Jahr 2002)

FORST

»In Forst prägte bis zum Herbst 1991 eine 125-jährige Tuchfabrik die Kleine Amtstraße. Weil sie aber immer mehr zur Ruine mutierte und die Tragfähigkeit der Decken nicht mehr für die Webmaschinen garantiert war, wurde sie abgerissen. (...) ›Die Fabrik hatte ausgedient.‹ (...) Im Gebäude befand sich darüber hinaus eine Wäscherei mit großen Trommelwaschmaschinen. Dort konnten die Beschäftigten des Volkseigenen Betriebs (VEB) Forster Tuchfabriken ihre Wäsche für ein geringes Entgelt selbst waschen. Junge vietnamesische Mädchen und Frauen arbeiteten ebenfalls hier. In ihrer Heimatsprache stand an einer Tür mit Kreide ›Guten Morgen!

Tschüss und auf Wiedersehen‹ geschrieben. Und am Eingangstor der Straße prangte bereits ein riesiges Schild: ›Ab Juli Ihr neuer GP-Supermarkt‹. Dem Abriss fielen zunächst die niedrigen Gebäude auf dem Hof zum Opfer, danach rissen die Bagger das Straßengebäude ein. Lediglich das Pförtnerhäuschen blieb noch einige Jahre stehen.« (*Lausitzer Rundschau*, 22.12.2011)

FRANKENHAUSEN

Stand November 2012: 2010 gab es im Bad Frankenhäuser Ortsteil Esperstedt die Firma Mechthold GmbH, die mit der Fabrikation von Knöpfen und Schnallen die weit und breit letzte Knopffabrik war. Dabei war Bad Frankenhausen einst die Stadt der Knöpfe. Für die Erweiterung des 1924 von August Böttcher eröffneten Standorts gab es keine Genehmigung und daher sitzen Mechtholds seit 1992 in Esperstedt und produzieren nun dort Millionen Knöpfe im Jahr. Sie startete 1991 und ist inzwischen Geschichte. 1999 hatte die *Mitteldeutsche Zeitung* noch berichtet, dass die Katoga mit ihrer neuen Produktionsstätte weltweite Anerkennung errungen habe. Heute sitzen die großen Knopf-Hersteller in Westdeutschland.

GENTHIN

»Im März 1923 nahm die Firma Henkel in Genthin die Produktion des Waschmittels Persil auf. Am 1. Juli 2015 dürfte der Betrieb des traditionsreichen Waschmittelwerks endgültig enden. ›Der Großteil der 132 Mitarbeiter ist ab Mittwoch von der Arbeit freigestellt‹, sagte Betriebsratschef Olaf Thiele der MZ. Die Produktion werde vorerst wohl eingestellt, die Anlagen sollen aber betriebsbereit gehalten werden. ›Viele Mitarbeiter arbeiten seit über 30 Jahren in dem Werk. Es ist für uns alle ein Schlag.‹ Nach Worten von Thiele müssten sie sich jetzt arbeitslos melden.

Das Waschmittelwerk hatte Anfang Mai 2015 Insolvenz beantragt, es gehört zur Gemini-Gruppe, einem Nachfolgeunternehmen der Hansa Group. Die Mitarbeiter hatten bereits im April keinen Lohn mehr erhalten. Nun lief das von der Agentur für Arbeit gezahlte Insolvenzgeld aus, das die Lohnzahlungen für drei Monate sichert.

Ata wurde ab 1923 im Henkel-Werk zur Produktion von Wasch- und Reinigungsmitteln in Genthin (Sachsen-Anhalt) hergestellt. Da das Produktionsgebiet für Ata nach dem Zweiten Weltkrieg in der Sowjetischen Zone lag, wurde die Produktion von der DDR übernommen. Das Werk Genthin ging als Volkseigentum an die Provinz Sachsen-Anhalt über.

IMI war von 1929 bis 1998/1999 eine Marke für ein Waschmittel des Henkel-Konzerns sowie des VEB Waschmittelwerk Genthin in der DDR. IMI gilt als das erste Waschmittel, das Natriumphosphat enthielt.

Spee ist seit der Deutschen Wiedervereinigung eine Marke für Waschmittel von Henkel. Die Marke steht für Spezial-Entwicklung. Spee war eine der wenigen ostdeutschen Marken, die sich nach der Wende in den westlichen Bundesländern durchsetzen konnte. Bereits 1966 hatte das VEB Waschmittelwerk Genthin das Warenzeichen Spee für ein neues Waschmittel angemeldet, das dann seit 1968 produziert und vertrieben wurde. Nach Einführung der neuen Genthiner Marke Spee im Jahre 1968 wurde dieses schnell zum meistverkauften Waschmittel der DDR. Die Produktion von ›Persil‹ wurde dann in der DDR eingestellt. (...)

Der vorläufige Insolvenzverwalter Sebastian Henneke aus Duisburg war am Dienstag auf MZ-Anfrage nicht erreichbar. Es liefen weiterhin Gespräche mit möglichen Investoren, um den Standort noch zu retten, sagte eine Unternehmenssprecherin.

Sachsen-Anhalts Wirtschaftsminister Hartmut Möllring (CDU) erklärte: ›Bis zuletzt haben auch wir gehofft, dass eine Freistellung aller Beschäftigten abgewendet werden kann.‹ (...) Jetzt sei ein ›strukturierter Investorenprozess gefragt, der dem Waschmittelwerk eine Perspektive gibt‹. Ob sich das Land einbringt, ließ er offen. Ein Neustart dürfte allerdings nicht einfach werden. Wegen nun bereits zwei Insolvenzen in kurzer Zeit sind nach Angaben des Betriebsrates Kunden abgesprungen. (...) Rund 1.700 Beschäftigte zählte damals das Werk noch. Im November 1990 erwarb Henkel den Betrieb von der Treuhand zurück und investierte eine dreistellige Millionensumme in die Modernisierung. Mit 300 Mitarbeitern wurde unter anderem Spee und Persil hergestellt. Im Jahr 2009 verlagerte der Waschmittelkonzern überraschend die Produktion in das Stammwerk nach Düsseldorf. Im Juli 2014 wurde Insolvenz in Eigenverwaltung beantragt. Ein Neubeginn im Herbst 2014 mit einer neuen Firma misslang.

Inzwischen ermittelt die Staatsanwaltschaft Bielefeld gegen zwei Geschäftsführer wegen des Verdachts des Kredit- und Subventionsbetruges. Die Investitionsbank Sachsen-Anhalt schließt Ansprüche gegen handelnde Personen nicht aus, teilte die Förderbank im Mai mit. Das Land hatte Investitionen von Hansa mit 9,1 Millionen Euro gefördert. Die Mittel seien mit der Insolvenz zurückgefordert worden, so die Investitionsbank. Das Verfahren laufe noch.« (*Mitteldeutsche Zeitung*, 30.6.2015)

GERA

»Was ist hier gewesen / Wo ist all das Leben? / Die Geisterstadt beginnt hier tief im Osten! – Mit diesen Zeilen bringt es der Musiker Clueso kurz und knapp auf den Punkt. (...) Knapp 25 Jahre nach dem Ende des Sozialismus zeigt sich, was aus den von Kohl versprochenen ›blühenden Landschaften‹ geworden ist: Infolge der sogenannten Wiedervereinigung ist in Ostdeutschland ein Schrumpfungsprozess in Gang gekommen, der in seinem Umfang erhebliche und bisweilen dramatische Folgen hat.

Im Folgenden soll am Beispiel der in Ostthüringen liegenden Stadt Gera aufgezeigt werden, welche Auswirkungen diese Entwicklung zu einer ›Geisterstadt‹ hat. Denn an die vergangenen Zeiten erinnern hier heute nur noch die im Stadtbild sichtbaren – inzwischen tatsächlichen, aber im Wortsinn ›blühenden‹ – Industrieruinen.

Gera war zu DDR-Zeiten eine bedeutende Bezirkshauptstadt mit einer hohen industriellen Dichte. In den Bereichen Bergbau, Textilindustrie, Werkzeugmaschinenbau, Elektronik und Feinmechanik/Optik gab es viele Großbetriebe und Kombinate, die das Stadtbild prägten. In einzelnen Betrieben waren bis zu 5.000 ArbeiterInnen beschäftigt. Gera galt als das administrative Zentrum Ostthüringens. Betriebe wie der VEB Textilmaschinenbau stellten Produkte für mehr als 45 Länder her. (...) Infolge der politisch motivierten Deindustrialisierung in Ostdeutschland kam es auch in Gera, innerhalb von nur zwei Jahren, zur umfangreichen Abwicklung der Großbetriebe.

Zu DDR-Zeiten bestand mit dem verfassungsrechtlichen Grundrecht auf Arbeit eine fast 100-prozentige Vollbeschäftigung. Alle Jugendlichen erhielten eine Lehrstelle bzw. einen Studienplatz. In Gera sah das im Jahre 1984 wie folgt aus: Von den ca. 75.000 ArbeiterInnen hatten 86 Prozent eine Berufsausbildung, sieben Prozent einen

Hochschul- und 64 Prozent einen Facharbeiterabschluss. Mit der Abwicklung der volkseigenen Betriebe und der völligen Umstrukturierung der ostdeutschen Wirtschaft sank in Gera die Zahl der ArbeiterInnen im industriellen Sektor von 30.000 auf 3.000. Bis heute gehen die Beschäftigtenzahlen in diesem Bereich weiter zurück. Es stellte sich mit dem massiven Beschäftigungseinbruch eine bis dahin nicht gekannte Arbeitslosigkeit ein, die mittlerweile bei 15 bis 20 Prozent liegt. Dabei machen Langzeitarbeitslose 35 Prozent der Gesamtarbeitslosen aus. Einen weiteren Hinweis auf den sozialen Abstieg, den die Beschäftigten hinnehmen mussten, geben die Zahlen zur SGB-II-Quote. Im Jahre 2011 lag diese laut Arbeitsagentur bei 18 Prozent, d. h. fast jeder fünfte Einwohner war nach SGB II hilfsbedürftig. Die Zahl bei den unter 15-Jährigen lag sogar bei 30 Prozent. Demnach muss fast jedes dritte Kind unter der Armutsgrenze leben. (...)

Darüber hinaus erhalten die Beschäftigten in Thüringen rund sechs Euro (ca. 32 Prozent) weniger Stundenlohn als in den alten Bundesländern.

Nicht zu vergessen sind die geringfügig Beschäftigten, die im Durchschnitt mit 145 bis 290 Euro brutto auskommen müssen. In Gera gab es im Jahre 2011 schon über 7.000 von ihnen. Insgesamt betrachtet hat sich in Gera seit 1990 eine umfassende Prekarisierung der Arbeitswelt herausgebildet, die schon heute und erst recht im Alter für die Betroffenen dramatische Auswirkungen hat.

Gera stand im Jahre 1988 mit 135.000 EinwohnerInnen auf dem historischen Höhepunkt seiner Bevölkerungsentwicklung. Heute kaum noch vorzustellen: Damals bestand Wohnungsmangel. (...) Diese Situation änderte sich nach dem Ende der DDR vollkommen. Gera verlor innerhalb von 20 Jahren 26 Prozent seiner EinwohnerInnen. Unter den 15- bis 25-Jährigen kam es sogar zu einem Rückgang von ca. 40 Prozent. Laut Zukunftsprognosen der Stadt werden 2030 nur noch 77.214 Menschen in Gera wohnen, was einen weiteren Rückgang von 22 Prozent darstellt. (…)

Die (Groß-)Betriebe in Gera waren – wie in der gesamten DDR – nicht nur Arbeitsplatz, sondern sie hatten auch eine außerordentlich hohe Bedeutung für die Lebensgestaltung der Gesamtbevölkerung. Die sozialistischen Brigaden, Betriebsgruppen, Konfliktkommissionen usw. sorgten für eine Einbindung in das Kollektiv von ArbeiterInnen. Daneben waren die Betriebe für die Sozialpolitik der DDR enorm wichtig. Gemeinsam mit den Fachabteilungen der Städte und Gemeinden sorgten sie für ein subventioniertes Netz von Infrastruktureinrichtungen, die vom Gesundheitsbereich über den Kultur- und Freizeitsektor bis hin zum Bildungswesen reichten. Dementsprechend waren auch Geras Stadtteile geprägt von vielfältigen schulischen, sozialen und kulturellen Einrichtungen. Allein in Lusan gab es elf Schulen, 14 Kindereinrichtungen, drei Jugendclubs, zehn Turnhallen, eine Ambulanz, zwei Pflegeheime. (…)

Seit Anfang des Jahres 2014 ist Gera aufgrund seiner sich zuspitzenden Finanzsituation bundesweit in den Medien. Die Flugbetriebsgesellschaft, die Geraer Stadtwerke und die Geraer Verkehrsbetriebe GmbH mussten im Juni Insolvenz anmelden. Es ist bundesweit die erste Pleite einer öffentlichen Verkehrsgesellschaft, die jetzt, wie große Teile der öffentlichen Daseinsvorsorge, in den Händen eines Insolvenzverwalters liegt. Hintergrund der Zahlungsunfähigkeit sind unter anderem die jährlich festgeschriebenen Garantiezahlungen für Konzerne, die an profitablen Bereichen der Stadtwerke beteiligt sind – wie etwa der französische Energiekonzern GDF Suez, dem jährlich 300.639 Euro zustehen.

Die Stadt muss neben dem insolventen Stadtunternehmen derzeit auch noch mit dem eigenen in den letzten

20 Jahren immer weiter steigenden Schuldenstand von ca. 120 Mio. Euro umgehen. Die Kassen sind leer, und so hatte die derzeitige Oberbürgermeisterin im Jahre 2012 eine totale Haushaltssperre verhängt. Seitdem müssen alle Ausgaben ab 500 Euro von ihr selbst bewilligt werden. Nur mit Krediten und Liquiditätshilfen vom Land konnte bisher die Infrastruktur aufrechterhalten werden. Es stellt sich bei der sich weiter zuspitzenden Situation die Frage: Wie lange rollen die Busse und Straßenbahnen noch?« (*theoriepraxis*, 11.10.2014)

GLAUZIG (Sachsen-Anhalt)

Auf dem ehemaligen Gelände der Zuckerfabrik entstand eine Tabakfermentationsanlage, die im Jahr 1950 durch den VEB Rohtabak übernommen wurde. Bis 1990 wurden in Glauzig Tabakwaren produziert, dann wurde die Firma stillgelegt. Seitdem ist das Gebäude leer. Noch immer sieht es beeindruckend aus, auch wenn mittlerweile der große Turm aufgrund von Einsturzgefahr gesprengt werden musste.

GREIFSWALD

Das Kleiderwerk wurde stillgelegt, die Zahl der Einwohner sank von 66.251 (1990) auf 55.137 (2014).

GREIZ

Die Stadt Greiz galt als die »Perle des Vogtlands«. Doch die Glanzzeit der Stadt, die einst zur renommierten Textilregion gehörte, ist vorbei. Nach dem Ende der DDR wurde ein ganzer Industriezweig ausradiert. Das Unglück nahm seinen Lauf, als die Treuhandgesellschaft im Juli 1992 die Textilunternehmen Greika GmbH (ehemals VEB Greika) und die Vogtlandstoffe GmbH (ehemals VEB Vogtlandstoffe) in Reichenbach an die indische Orkay Group of Industries verkaufte. Andere Bewerber, darunter Alteigentümer der 1972 verstaatlichten Gebr. Albert KG, kamen nicht zum Zuge, als die Mitarbeiterzahl bei Greika bereits von 6.000 auf 650 reduziert worden war. Schon im Oktober 1993 begannen die ersten Ermittlungen gegen Investoren, die den Unternehmen Millionen entzogen haben sollten. Zu Greika gehörten in der DDR 21 Betriebe, die 1989 insgesamt 30 Millionen Quadratmeter Stoffe hergestellt hatten. 1996 kam der Betrieb zum Erliegen, 1997 folgte die Gesamtvollstreckung. Am 21. April 2002 wurde das Greika-Hochhaus gesprengt.

GRIMMA

»Das Kombinat CLG war für die gemeinsame Verfahrensentwicklung der DDR-Chemiebetriebe verantwortlich. Es projektierte und konstruierte Pilotanlagen für neue Verfahren. Bis 1990 ...

Ein Vierteljahrhundert später sagte Oberbürgermeister Berger den *Muldental Nachrichten*: ›Wir bedauern die Schließung der MWL Apparatebau GmbH außerordentlich. Vor allem überraschte uns, wie leidenschaftslos und kampflos die Geschäftsleitung vorging und die 100-jährige Tradition des Apparatebaus in Grimma beendete. Jetzt ist nur zu wünschen, dass der Konzern seiner sozialen Verantwortung gegenüber den Mitarbeiterinnen und Mitarbeitern gerecht wird. Es ist schade, dass im Vorfeld seitens der Geschäftsleitung nicht das Gespräch mit dem Stadtrat und der Stadtverwaltung gesucht wurde.‹ (...)

›Geschockt‹ oder ›Erschrocken‹ – so die häufigste Reaktion auf Nachfragen in der Stadt. Johannes Heine, Stadtrat für die Freien Wähler, sagte den *Muldental Nachrichten*: ›Eine fürchterliche Geschichte! Wir hatten noch vor kurzem darüber beraten, die Dächer der Hallen neu zu machen – da hatte ich nicht das Gefühl, dass hier demnächst das Ende bevorsteht.‹ Ein Prokurist habe den überraschten Mitarbeitern mitgeteilt, das Grimmaer Werk würde nicht mehr in das Unternehmens-Portfolio passen, hieß es beim MDR. MWL Apparatebau – in Grimma hieß er ›MAG‹ – stellte wärmetechnische Apparate und Druckbehälter für die chemische Industrie her. Der Standort in Grimma hatte eine lange Tradition, die bis ins 19. Jahrhundert reichte.« (*Muldental Nachrichten*, 28.10.2014)

Zahlreiche Bemühungen der Stadt, das Werk zu retten, scheiterten. Selbst eine Expertenkommission, zu der auch der Ex-Direktor der Deutschen Bank, Edgar Most, gehörte, blieb ohne Erfolg. Das niederländische Unternehmen Hertel war nicht davon abzubringen, das Werk stillzulegen.

GUBEN

In den zwanziger Jahren gab es in der Stadt allein elf Hutfabriken und sieben Hutformenfabriken. Insgesamt 7.460 Menschen waren 1927 in Guben in dieser Branche tätig. Im gleichen Jahr wurden rund zehn Millionen Hüte produziert, davon rund 30 Prozent für den Export. Aus den einzelnen Betrieben entstand 1952 dann der VEB Vereinigte Hutwerke Guben mit rund 1.200 Beschäftigten. Nach 1990 wurde der volkseigene Betrieb in die ›Gubener Hüte GmbH‹ umgewandelt, Gesellschafter war bis zur Privatisierung die Treuhandanstalt. Heute gibt es in Guben keinen einzigen Hutmacher mehr. (*ddp*)

HALLE

Was die Saalestadt anging, stieß ich auf einen Autor, der ähnliche Ziele verfolgte wie ich, weitaus erfolgreicher war und als Internet-Absender Halle angegeben hatte: Martin Schramme, Halle Saale. Den hielt ich für zitierenswert: »Die Zerstörung des historischen Deutschland ist im Jahre 2013 in der Endphase angekommen. Wurde bei den Nationalsozialisten einiges und im Sozialismus einiges mehr abgerissen, so setzte sich diese Entwicklung in noch größerem Tempo bis heute fort. Wer heute im Jahre 23 nach der Zerschlagung der DDR durch Ostdeutschland fährt, sieht noch einige imposante Trümmer deutscher Industriekultur. Es sind die Reste einer beispiellosen Zerstörung materieller Werte. Mehr als 8.000 Betriebe der DDR, so ist vielfach zu lesen, wurden nach dem Ende des ersten sozialistischen Staates auf deutschem Boden privatisiert. In der Praxis hieß das meist gleich schließen oder besetzen, aussaugen und dann schließen. Bezahlt hat das das deutsche Volk, vor allem die Menschen im Osten, profitiert haben Konzerne und windige Geschäftemacher. Schon im Frühjahr 1990 hatte die DDR unter Modrow den ersten Schritt in diese Richtung gemacht, als sie die Bildung von GmbHs und Aktiengesellschaften zuließ. In der Folge verschärften sich die Bedingungen für Kreditlinien. Die Einführung der D-Mark im Sommer 1990 war der nächste Schock für die DDR-Betriebe und mit der Deutschen Einheit am 3. Oktober 1990 waren endgültig alle Schranken gefallen im Selbstbedienungsland Ex-DDR.«

Seine Liste war endlos, ich begnügte mich mit einigen Hallenser Betrieben:

VEB Kombinat Bau- und Grobkeramik, Halle Saale, Burgstraße 38; VEB Halloren Schokoladenfabrik, Halle Saale, Straße der Deutsch-Sowjetischen Freundschaft (Gelee-Fabrikate, Pralinen); VEB Karosserie- und Fahrzeugbau Halle, Halle Saale, Straße der DSF 86 (Kafa); VEB Kombinat Elektroenergie-Anlagenbau, Halle Saale, Thälmannplatz; VEB Metallleichtbaukombinat, Werk Halle, Halle Saale, Grenzstraße 17; VEB Metallwaren- und Gerätefabrik Halle, Halle Saale, Huttenstraße 56–57; VEB Pharmazeutisches Werk Halle, Halle Saale; VEB Pumpenwerke Halle, Halle Saale; VEB Kombinat Pumpen und Verdichter, Halle Saale.

HETTSTEDT

Manfred Twardy: »Nach der Wende geht meine Arbeit wie gewohnt weiter. Meinen Posten als Abteilungsleiter habe ich behalten. Die Löhne sind an die westdeutsche IG-Metall angepasst und unser Lebensstandard hat sich verbessert. Ich kann mir von meinem verdienten Geld alles kaufen. Ich bin ein Gewinner, würden manche sagen, denn während die Betriebe auf dem ehemaligen VEB-Gelände der Reihe nach pleitegehen, teure Maschinen verhökert werden und riesige Betriebshallen plötzlich leer stehen, soll das Walzwerk Hettstedt AG bleiben.

Die Treuhand hat kurz nach der Wende alle Betriebe übernommen. Anfangs sagten sie, es solle aufwärtsgehen. Ein Lichtblick. Doch der Absatz und die Auftragslage wurden schlechter, Rohmaterialien für die ehemaligen DDR-Betriebe unbezahlbar. Als die ersten Entlassungswellen in den einzelnen Betrieben begonnen haben, trifft es auch meine Familie. Jahrelang arbeitete meine Frau auf dem VEB-Gelände. Jetzt bleibt sie zu Hause. Dann hat die Bundeswehr unseren Sohn, der mitten in der Ausbildung steckte, zum Abreißen der Grenzzäune eingezogen. Als er zurückgekommen ist, konnte er immerhin noch die Lehre beenden. Jetzt muss er zu Hause bleiben.

Es ist 1992. Auch in meiner Abteilung gibt es Probleme. Wir haben keine Aufträge mehr, aber Verträge über acht Stunden am Tag. Statt Produktion gibt es Aufräum- und Putzarbeiten. Nach Hause schicken kann ich die Leute nicht.

Rationalisierungsmaßnahmen. Ich hasse dieses Wort, dennoch wird es mich wohl künftig begleiten. Ein schleppender Personalabbau. Auf Entlassungen folgen kurzzeitige Einstellungen, wenn ein neuer Auftrag eingeht. Ich muss 45 Mitarbeiter entlassen. Von 55 bleiben am Ende zehn. (...) Sechs Frauen und 39 Männer müssen gehen. Tränen fließen, verzweifelte Worte. Ich kann nicht helfen. Einige Arbeiter muntert die Abfindung etwas auf. Zwischen 1992 und 1995 sind alle weg, auch viele Freunde.

Menschen, die ich entlassen musste, gehen mir aus dem Weg. Im Supermarkt kommt mir ein ehemaliger Kollege und Freund entgegen, der die Entlassungswelle nicht überstanden hat. Durch meinen Magen wandert ein flaues Gefühl. Erst überlege ich, ob ich ihn ansprechen soll. Ich überwinde mich. Hallo, wie geht es dir, sage ich. Ein flüchtiger Blick straft mich. ›Wie soll es einem bitte gehen, wenn man gekündigt wurde‹, entgegnet er abfällig. Kein Wort geht mir mehr über die Lippen. Ich fühle mich schuldig.

Die Entlassungswelle ist überstanden. Meine drei Abteilungen gibt es nicht mehr. Viel zu spät kommt ein Hoffnungsschimmer. Ich erfahre ihn aus der Zeitung. Das Walzwerk Hettstedt wird von der belgischen Lamitref-Gruppe übernommen und privatisiert. Wir sind noch 1.500 Mitarbeiter und sollen übernommen werden. Kurz schießt mir durch den Kopf, dass einst knapp 9.000 Menschen beim Walzwerk Hettstedt angestellt waren. Lamitref investiert wirklich. Das Unternehmen baut große blaue Hallen, in denen künftig an moderner Technik gearbeitet wird. Trotzdem ist die Auftragslage weiterhin schwierig. Statt wie gewohnt im Grobdrahtzug, Mitteldrahtzug und der Verseilerei für Aluminiumdraht und

-legierungen zu arbeiten, stehe ich nun als Leiter in der Versandabteilung. Ich bin unglücklich. 1996 werde ich zur Kabel-Recyclinganlage in die Walzwerker Bleihütte versetzt. Was wir aus den Kabelüberresten rausholen, ist wenig effizient. Es bleibt fast nur Plaste übrig. Wir sind fünf Mitarbeiter. Eigentlich gibt es nichts zu tun, wir sitzen oft herum. (...)

Dann klingelt das Telefon. Der Geschäftsführer des Drahtbetriebes verlangt nach Manfred Twardy. Ich bin Manfred Twardy.

Ich atme tief ein und lege den Hörer auf. Dann gehe ich den festen Betonboden entlang. Meine Beine fühlen sich an, als würden sie nach und nach schwerer werden. Als ich die Türschwelle überquere, sehe ich einen Mann. Er ist mir bekannt – der Mann von der Gewerkschaft. Der Geschäftsführer gibt mir die Hand. Ich habe seinen Namen vergessen. Vielleicht habe ich ihn auch verdrängt. ›Manfred, du weißt ja, wir haben nichts mehr für dich zu tun. Wir müssen auch dir die Kündigung aussprechen. Es trifft nicht nur dich. Das sind übliche Rationalisierungsmaßnahmen.‹

Da ist es wieder, mein Unwort. Rationalisierung. Ich denke an meine Freunde, wie sie sich gefühlt haben, als ich sie entlassen musste. Ich denke an mein Leben, das ich hier verbracht habe. 1957 begann ich mit der Ausbildung. Seitdem hatte ich nie etwas anderes gemacht. Es ist kein einfacher Job, eher ein Lebenswerk.

Ich gehe zurück ins Büro, blende alles aus. Es spielt für mich keine Rolle, dass die, die mich entlassen haben, schon am nächsten Tag entlassen werden würden oder, dass sie mir zu ABM-Stellen geraten haben. Ich ziehe mich um, greife meine Aktentasche. Die Angst, ich könnte jeden Tag entlassen werden, ist vorbei. Fest umschließe ich die Tasche mit meiner Hand. Sie ist das Einzige, das mir aus diesem Alltag bleibt. Dann gehe ich. Ich kehre nie wieder zurück. In jedem Anfang liegt ein Ende.« (Internet: »Grenzenlos – Wege nach der Wende«. Dieser Text beruht auf den Schilderungen von Manfred Twardy.)

HOHENOFEN

Nach 1989 wurde die Treuhand durch das entsprechende Gesetz Eigentümerin der Feinpapier Neu Kaliß GmbH und mit ihr Werk 2 in Hohenofen. Bis zum 20. März 1990 wurde Kurzarbeit angeordnet. 22 Mitarbeiter mahlten in den Holländern für das Chemiefaserwerk Premnitz Kunststofffasern, die als Ersatzstoff für Asbest Verwendung finden sollten. Allerdings nur bis Ende 1991, denn das Chemiefaserwerk stellte seine Produktion ein. Die Papierproduktion in Hohenofen war schon am 30. September 1990 beendet worden. Die Packpapierfabrik in Wismar und die Vulkanfiberfabrik in Werder/H., die ebenfalls zum Kombinat gehört hatten, wurden ebenfalls geschlossen. Die GmbH wurde am 23. September 1992 aufgelöst. Am 30. November 2000 wurde eingetragen: »Die Liquidation ist beendet. Die Firma ist erloschen.« Im Rahmen der Liquidation der Muttergesellschaft Neu Kaliß wurde auch in Hohenofen vieles veräußert. Insgesamt wurden 300 Tonnen Papier, Anlagenteile und Maschinen in 15 Überseecontainer verpackt und in den Libanon verkauft. Der Querschneider ging nach Österreich. Viele Akten, Unterlagen und Bilder wurden vernichtet.

HOPPEGARTEN

»Nach der Insolvenz der Neuenhagener Wurst-Produktions GmbH, der Schließung des Neuenhagener Marktes, hat der Niedergang des traditionsreichen Unternehmens jetzt auch die Marktschänke und den Caterer erreicht.

›Werte Kundschaft! Wir haben nun für immer geschlossen.‹ Das steht seit Anfang der Woche auf einem Schild in der Marktschänke im Hoppegartener Gewerbegebiet. Die Insolvenz des größten Mieters, der Neuenhagener Wurst-Produktions GmbH, hat nun auch den letzten Partner erreicht. Zwei Jahre haben sich Karl Fanderich und sein Team mit Marktschänke und Catererbetrieb noch halten können, nachdem die Produktion und im Sommer vergangenen Jahres auch der Frischemarkt schließen mussten. Nun sind Karl Fanderich und sein Koch Michael Strey die Letzten, die alles ausräumen und ›hier das Licht ausmachen‹, wie sie bitter sagen. ›Die Neuenhagener, ein Name, der seit Mitte der 1950er Jahre für gutes Fleisch und gute Wurst stand, gibt es nun nicht mehr. Jetzt ist wirklich Schluss‹, sagt Fanderich.

Die beiden fühlen sich vom Insolvenzverwalter, den sie noch nie hier gesehen haben und mit dem sie nur über Anwälte verkehren, regelrecht ›verraten und verkauft‹.« (*Märkische Oderzeitung*)

HOYERSWERDA

»Rund 65.000 Menschen lebten bis zum Ende der DDR in dieser Stadt, die meisten von ihnen in den Plattenbausiedlungen, die sich um gleichförmige Kaufhallen und Marktplätze gruppierten. In der Braunkohleverarbeitung gab es damals 15.000 Arbeitsplätze. Als der Volkseigene Betrieb Gaskombinat Schwarze Pumpe 1990 stillgelegt wurde, standen mit einem Mal alle auf der Straße.

›Mein Vater ist arbeitslos‹, sagt ein junger Mann im September 1991 in eine ARD-Kamera: ›Sie kriegen das Geld in den Arsch geschoben, und mein Vater kriegt gar nichts dafür.‹ Da hatten die etwa 600 Gastarbeiter und Asylbewerber die Stadt schon verlassen müssen.

In den Jahren danach treffen sich junge Leute mit rechter Gesinnung dann im WK 10. Tolerierende Jugendsozialarbeit, trotz des Überfalls auf die Diskothek Grubenlampe, zwölf Kilometer außerhalb, bei der ein Neonazi die Kellnerin mit einer Holzlatte erschlägt. Obwohl Skinheads vor dem linken Club Nachtasyl den Fahrer einer Metallband unter einem Transporter begraben.« (*taz*, 2.8.2014)

ILMENAU

Werk für Technisches Glas. Das Werk war ein Großkombinat der Glasindustrie. Es bestand von 1969 bis 1990 und hatte etwa 12.600 Mitarbeiter, davon etwa 5.000 im 1975 gebildeten Stammwerk am Vogelherd in Ilmenau. Es war damit das größte Glaswerk der DDR. Der Produktionsschwerpunkt lag auf technischem Glas, also Messgeräten, wie Thermometer oder Barometer, und Glasgeräte für die Chemische Industrie. Die Fläche des Stammwerks war auch der größte Arbeitgeber im Kreis, umfasste etwa 75 Hektar und bot Platz für elf Glasschmelzwannen, von denen zehn vollelektrisch betrieben wurden. Produziert wurden etwa 12.000 verschiedene Artikel. Vom Gesamtumsatz, der in den 14 Jahren 214 Millionen DDR-Mark betrug, entfielen etwa 30 Prozent auf die zweite Verarbeitungsstufe (Herstellen von Endprodukten) und 70 Prozent auf die erste Produktionsstufe (Zulieferindustrie). Der jährliche Überschuss betrug zu Anfang der achtziger Jahre etwa 100 Millionen Mark jährlich. Über viele Jahre wurde Glas der Marke Rasotherm produziert, ein im Jenaer Glaswerk entwickeltes hoch beanspruchbares Borosilikatglas.

Die Technischen Glaswerke Ilmenau GmbH (TGI) waren 1994 von Karl-Albrecht Geiß gegründet worden, übernahmen die Kernbereiche der vormaligen Ilmenauer Glaswerke GmbH, die jedoch liquidiert wurden. Ende 2006 trat die Beteiligungsgesellschaft MEP Management + Equity Partners AG aus Hamburg als Mehrheitsgesellschafter mit einer Beteiligung von 76 Prozent ein. Am 30. Oktober 2008 wurde die zweijährige Investitionsphase, bei der vier neue Schmelzwannen und moderne Maschinen- und Automatisierungsanlagen aufgebaut wurden, abgeschlossen. 2013 war zwischen etwa 180 Mitarbeitern und der Gesellschaft ein Rechtsstreit über die Gewährung einer Gewinnbeteiligung für 2010 in einem Volumen von etwa 480.000 Euro vor dem Landesarbeitsgericht Erfurt anhängig, nachdem die Mitarbeiter in erster Instanz vor dem Arbeitsgericht Suhl erfolgreich gewesen waren und die Geschäftsleitung gegen diese Entscheidungen Berufung eingelegt hatte. Am 9. Mai 2014 eröffnete das Amtsgericht Erfurt das vorläufige Insolvenzverfahren über das Vermögen der TGI. In diesem Zusammenhang läuft gegen den Geschäftsführer, Herrn Dr. Kainer – zugleich Sprecher des Vorstands der MEP AG und deren Hauptgesellschafter –, ein Ermittlungsverfahren wegen des Verdachts der Insolvenzverschleppung und Untreue. Die Auflösung der Gesellschaft wurde am 30. Juni 2014 in das Handelsregister des Amtsgerichts Jena eingetragen.

Sophienhütte. Das Werk musste Konkurs anmelden. Es wurde 1991 stillgelegt und 1998 abgerissen.

KATZHÜTTE

Rubrik bei Wikipedia »Verlorene Orte«:
- Betriebsgelände des ehemaligen Eisenwerkes, später VEB KEFAMA. Die Gebäude wurden bis auf wenige Ausnahmen in den 1990er Jahren abgerissen.
- Betriebsgelände der ehemaligen Porzellanfabrik Hert-

wig und des späteren VEB Zierkeramik (liquidiert Ende der 1990er Jahre, abgerissen Mitte 2005).

- Farbenfabrik zu Neuwerk bei Oelze. Wurde 1990 geschlossen und in der Folge abgerissen.
- Das frühere *Hotel Kieslerstein*, später *Haus des Volkes*, mit Gaststätte, Bar und zwei Sälen wurde Anfang 2015 abgerissen. Es stand seit 1990 leer und verfiel nach der Privatisierung zu einer Ruine. Damit verschwand die größte kulturelle Einrichtung des Ortes, die Heimstatt des »Karneval im Schwarzatal«, ein Ort für zahlreiche kulturelle Veranstaltungen und die Urlauberbetreuung.
- Gasthaus *Zum Rosenbaum* – Sitz der Bürgerwehr im Revolutionsjahr 1848. Später Wohnhaus und abgerissen für einen Einkaufsmarkt nach der Wiedervereinigung Deutschlands.
- Früherer Sommergarten und Sommerpavillon der Familie Hertwig. Während der DDR bis Anfang der 1970er Jahre *Haus der Jungen Pioniere*. Danach dem Verfall preisgegeben.
- Hertwigsvilla (ehemalige Villa der Fabrikantenfamilie Hertwig). Die Villa wurde nach 1945 als Wohnhaus genutzt, stand aber nach 1990 lange Zeit leer. Da die Gemeinde Katzhütte das Gebäude nicht erhalten konnte, verfiel es zusehends. Im Frühjahr 2011 wurde die Ruine abgerissen.

KINDELBRÜCK (Thüringen)

»Ein amerikanischer Investor wollte die traditionsreiche Kofferfabrik Kindelbrück retten – und spannte dafür auch namhafte Politiker ein. Doch die viel gepriesenen Heilsbringer aus Übersee erwiesen sich als Riesen-Enttäuschung, die für das Werk und seine Beschäftigten in der Pleite endete.

Der 27. Januar 1993 ist der Tag von Thüringens Ministerpräsident Bernhard Vogel. Vogel ist an diesem Mittwoch in Kindelbrück bei Sömmerda. Und er hat Grund zur Freude. Zusammen mit Jerry Lowen-grup, Präsident des zweitgrößten amerikanischen Reisegepäckherstellers York Luggage aus New Jersey, präsentiert der Regierungschef in der Thüringer Kleinstadt den Journalisten strahlend einen ebenso großen wie alten Seereisekoffer, made in Kindelbrück im Jahre 1926.

›Ein Koffer für US-Präsident Clinton‹ ist das Motto des Jubel-Termins. Das Engagement gilt als erste amerikanische Direktinvestition in den neuen Ländern. Das große Amerika engagiert sich in Thüringen – ein Beispiel, das unbedingt Schule machen soll. (...)

York bringt Hoffnung nach Kindelbrück – das ist die Botschaft, an die sich damals auch Kofferfabrik-Geschäftsführer Rolf Grabarits klammert. Der frühere Betriebsdirektor, dem die Belegschaft nach der Wende das Vertrauen als Geschäftsführer aussprach, tut es gegen sein Bauchgefühl. ›Ich hatte schon damals Zweifel‹, sagt der heute 72-Jährige ...

Bis Ende 1994 will York angeblich für 1,6 Millionen Mark Gebäude und Ausrüstung modernisieren. Weitere 5 Mio. DM seien bis Ende 1998 vorgesehen, tönen die Amerikaner im Beisein der Politprominenz. Doch immer wieder klappert Grabarits in diesen Wochen mit York-Vertretern die Banken ab. Die Amerikaner hoffen auf Millionen-Kredite, können – oder wollen – aber den geforderten Eigenanteil nicht aufbringen. Grabarits kommt das schon damals nicht geheuer vor.

Der Kindelbrücker Geschäftsführer wird recht behalten. Nur zwei Jahre später ist die in York Reisegepäck GmbH umbenannte Kofferfabrik endgültig pleite und muss schließen. Die Strohmänner der Amerikaner lassen sie fallen wie eine heiße Kartoffel und mit ihr die letzten

Arbeitsplätze. (...) Zu DDR-Zeiten verließen bis zu 6.500 Koffer täglich das Werk, jetzt sind es noch 700. (...)

So aber ruft der Treuhand-Preispoker einflussreiche Politiker auf den Plan. Den Anfang macht Amerikas Botschafter in Deutschland, Robert M. Kimmitt. Im Herbst '92 mahnt er sowohl bei Treuhandchefin Birgit Breuel als auch bei der Thüringer Vertreterin beim Bund, Christine Lieberknecht, zur Eile. (...)

Auch Thüringens Ministerpräsident Bernhard Vogel macht im Oktober 1992 Druck. (...) Die Treuhand gibt schließlich nach, York bekommt die Kofferfabrik für eine Million DM – und noch 3 Millionen DM Kredit von der Bayerischen Vereinsbank in Erfurt dazu. (...)

Mitte 1994 ist der schöne Schein dahin. Die Betriebsverluste von 1993 betragen über 3 Mio. DM. (...)

Inzwischen wird auch dem Letzten klar, dass York nie vorhatte, in größerem Stile in Kindelbrück zu produzieren. (...)

Rolf Grabarits soll Entlassungspapiere unterschreiben, er kennt jeden Betroffenen persönlich. Manager Stapelfeldt schiebt der Belegschaft den Schwarzen Peter zu. Mit den alten Maschinen könne nicht profitabel gearbeitet werden. Die verbliebenen Arbeiter sollen seinen Kurzarbeits- und Sparplänen zustimmen, dann hätte man vielleicht eine Chance. Der Deutsch-Amerikaner will die Belegschaft von 80 auf 21 Beschäftigte gesund schrumpfen. Nur der Vertrieb aus Billiglohnländern soll bleiben. York zahlt keine Löhne mehr.« (*Thüringer Allgemeine*, 2.8.2012)

KÖTHEN

Drehmaschinenwerk. »Etwa 100 Belegschaftsmitglieder – Dreher, Monteure, Reparaturschlosser, Bürokräfte und Küchenfrauen – standen 1992 plötzlich vor dem Nichts, als der Köthener Betriebsteil des VEB Drehmaschinenwerk Leipzig aufgelöst wurde. Für viele war das damals wie ein Abschied von der Familie. ›Wir haben uns gut verstanden und schon länger ein Wiedersehen geplant‹, erzählt Birgit Kürbitz. ›Die meisten haben sich riesig gefreut, als wir sie eingeladen haben.‹ Und so gab es an diesem Abend im Rasthaus *Güterbahnhof*, das nur einen Katzensprung vom ehemaligen Betriebsgelände entfernt liegt, einiges zu erzählen von damals und wie es den Kollegen inzwischen ergangen ist. ›Viele sind noch immer arbeitslos‹, weiß Birgit Kürbitz. (...) ›Die Arbeit im Drehmaschinenwerk hat Spaß gemacht, wir waren wie eine große Familie‹, erinnert sich Keiling. Nach dem gemeinsamen Abendessen wurde noch das Tanzbein geschwungen. Am Ende waren sich alle einig: ›Nächstes Jahr im Oktober ist es wieder so weit.‹« (*Mitteldeutsche Zeitung*, 11.11.2003)

Malzfabrik. Das Werk produzierte mit 70 bis 80 Beschäftigten circa 13.000 Tonnen Malz, die außer an die eigene Brauerei auch nach Dessau, Magdeburg, Wernesgrün und andere Brauereistandorte geliefert wurden. Die Mälzerei in Köthen deckte etwa ein Viertel des Malzbedarfs der DDR. 1972 wurde der Betrieb dem Getränkekombinat Dessau angeschlossen. Am 31. Dezember 1990 war er stillgelegt worden. Bemühungen um eine Nutzung des innenstadtnahen Standorts mit seinen denkmalgeschützten Industriegebäuden sind bislang gescheitert. Bei einem Großbrand brannte im September 2011 ein vierstöckiges Lagergebäude der Fabrik nieder.

KOTTERITZ (Thüringen)

Erstmals nach dem Zweiten Weltkrieg wurde 1957 in Kotteritz eine komplette Handstrickkollektion in einer

Farbkarte bemustert, überwiegend Qualitäten mit maximal 50 Prozent Wollanteil und Zellwolle (Viskose). Im Jahr 1959 gab es erstmals wieder eine reine Wolle, die »Jackenwolle«, aber auch die ersten Qualitäten mit dem ersten DDR-Acryl Wolcrylon. Enge Zusammenarbeit mit der Modezeitschrift *Modische Maschen* aus Leipzig sorgte für Modellblätter und Strickanleitungen in beachtlichen Auflagen. (...) Letztlich führten die neuen Produkte und der internationale Strickboom zu einer steigenden Nachfrage, so dass die betriebliche Kundendienstabteilung, ursprünglich als Nachlieferant farbgerechter Kleinstmengen geschaffen, fast zum Versandhändler wurde. Oft gingen mehr als 20.000 Bestellungen pro Jahr ein. Die »alwo«, 1969 bis 1972 vergrößert durch Angliederung der Betriebe Brandenburg, Berga, Rodewisch, Gößnitz, Glauchau und Karl-Marx-Stadt, wurde zum Alleinhersteller von Handstrickgarnen und Teppichkammgarnen aus reiner Wolle. Mehr als 2.000 Menschen waren über Jahrzehnte ständig in diesem Großbetrieb tätig, darunter auch 200 Vietnamesen. Lange Jahre war die Technik alt und verschlissen, moderne Transport- und Lagertechnik für einen Textilbetrieb kaum zu beschaffen. Zum Glück gab es in allen Werken immer wieder begnadete Handwerker und Techniker, die das Unmögliche möglich machten. 1984 gelang es, große Investitionen zu realisieren. Ein Devisenkredit in zweistelliger Millionenhöhe bescherte die modernste Produktionstechnik. Das sorgte für ideale Export-Bedingungen vor allem nach Westdeutschland. Alle führenden westdeutschen Warenhauskonzerne und Großhändler ließen bei »alwo« fertigen. Nach 1990 waren die westdeutschen Kunden die Basis für die Aufrechterhaltung der Produktion. Nur kurze Zeit konnten die alten Kunden mit den bisherigen Sortimenten bedient werden, mussten die Importeure die volle Mehrwertsteuer entrichten. Wären nicht die Restbelegschaften in Kotteritz und Meerane (alle anderen Werke waren schon 1990/91 stillgelegt worden) mit enormem Engagement tätig gewesen, wäre schon 1991 Schluss gewesen. Die Treuhand schloss im Sommer 1994 das Werk in Meerane und 2002 auch das in Kotteritz. (Quelle der Fakten: *Altenburger Geschichts- und Hauskalender 2004*)

KRAUSCHWITZ

Am 8. Februar 2007 wurde der ehemals volkseigene Betrieb Zierkeramik gelöscht. Zusatz: Abwicklung des Vermögens.

LEINEFELDE

Mit dem Eichsfeldplan sollte die Industrialisierung des Eichsfelds vorangebracht werden. Aufgrund der geographischen Bedingungen und des günstig gelegenen Eisenbahnanschlusses wurde Leinefelde 1961 als Standort eines Großbetriebs ausgewählt. Der Ausbau der Produktionsanlagen des VEB Baumwollspinnerei und Zwirnerei Leinefelde und anderer Betriebe führte zu einem starken Anwachsen der Einwohnerzahl von Leinefelde. Das Dorf mit seinen 2.500 Einwohnern wuchs bis 1969 zur Stadt Leinefelde mit 16.500 Einwohnern im Jahr 1990. Nach 1990 sank die Zahl der Beschäftigten von etwa 4.500 auf 380 und verringerte sich im Laufe der Jahre weiter. Der Betrieb firmierte danach als Leinefelder Textilwerke GmbH und wurde vom Strumpfhersteller Falke gekauft. 2013 meldete die Firma Insolvenz an.

LEIPZIG

Baumwollspinnerei. Die Leipziger Baumwollspinnerei ist ein zehn Hektar großes Werksgelände am Rande des Leipziger Stadtteils Lindenau. Teile davon werden heute als Galerien und Ateliers sowie gastronomisch genutzt. Die 1884 gegründete Firma entwickelte sich binnen eines Vierteljahrhunderts zur größten Baumwollspinnerei Kontinentaleuropas. Bis zu 4.000 Menschen hatten bis 1989 im Drei-Schichtbetrieb gearbeitet, bis die Produktion nach der »Wiedervereinigung« eingestellt wurde.

Polygraph Werner Lamberz. Das Industriekombinat umfasste acht volkseigene Betriebe mit über 40 Betriebsteilen der Branche papierverarbeitender Maschinenbau in der gesamten DDR. Die Gesamtzahl der Beschäftigten lag etwa bei 16.000. Stammbetrieb war der VEB Leipziger Buchbindereimaschinenwerke (LBW). Nach 1990 wurde das Kombinat aufgelöst und die einzelnen Betriebe privatisiert. Die wichtigsten Betriebe wurden von den westdeutschen Branchenführern übernommen: So war der ehemalige Stammbetrieb der Leipziger Produktionsstandort der Heidelberger Druckmaschinen AG bis zur endgültigen Schließung im Mai 2015. Die Plamag Maschinenbau Plauen wurde von der MAN Roland Gruppe gekauft, und Planeta Radebeul wurde Teil der Koenig & Bauer AG Würzburg.

Starkstrom-Anlagenbau. Siemens hatte – laut *Spiegel* – schon vor dem »Beitritt« die für sein Unternehmen wichtigsten Objekte in der DDR ins Visier genommen: Aus »nationaler Verantwortung erwarb Deutschlands drittgrößtes Unternehmen, Jahresumsatz rund 63 Milliarden Mark« das GRW »zum Discountpreis. (...) Der Elektrokonzern hat 16 ehemals volkseigene Betriebe für rund

250 Millionen Mark übernommen.« Das wären lächerliche 16,5 Millionen DM per Stück. Und Siemens kaufte nicht einen einzigen »maroden« Betrieb. Das Magazin beschrieb eingehend auch den Spitzen-Kuhhandel mit der Treuhand: »Der größte Coup gelang den Siemens-Akquisiteuren beim ehemaligen Leipziger Starkstrom-Anlagenbau. Der Kaufpreis von 8 Millionen Mark besitzt nur Symbolcharakter. Die Treuhand übernahm im Gegenzug die Tilgung von 17,3 Millionen Mark Altkrediten. Der Betrieb zählte seit jeher zu den Gewinnbringern der Planwirtschaft. Allein in den letzten drei Jahrzehnten bedachte Mittag die Starkstrommonteure mit Westtechnologie von rund 30 Millionen Mark. Kontoauszüge belegen, dass die Firma gut bei Kasse ist. Der Betrieb verfügte im April bereits über 17 Millionen Mark an Bargeld; zusätzlich waren 95 Millionen Mark als Festgeld angelegt. Siemens war schon vor dem Mauerdurchbruch bestens informiert. Die in Berlin ansässige Konzernabteilung ›Verbindungsstelle DDR‹ führte seit Anfang der achtziger Jahre Dossiers über die Leistungsfähigkeit der Ostbetriebe. Auch mit den führenden Köpfen der SED-Ökonomie war Siemens bestens bekannt. ›Sie kommen uns jetzt zugute‹, sagt Vorstandschef Kaske. Wichtige Kontaktleute Kaskes haben den Systemwechsel ohne Blessuren überstanden. SED-Mann Erhard Schulz, einst stellvertretender Minister für Allgemeinen Maschinen-, Landmaschinen- und Fahrzeugbau, arbeitete bei der Treuhand als Direktor für Spezialmaschinenbau. Monatelang war er mit dem Siemens-Deal befasst. (...) Der Ex-Genosse begleitete den Starkstrom-Anlagenbau bis zur Übergabe an Siemens am 1. April. Ohne sein wohlwollendes Weggucken wäre für die Münchener vieles nicht so glatt gelaufen. Der Mann mit dem Stoppelhaar, in der DDR als Bürsten-Schulz bekannt, war nach der Wende einer der ersten Ansprechpartner von Siemens. Schulz, der in der DDR als ungeho-

belter Brüller auffiel (›Man sollte euch allen die Ausreise genehmigen, dann könnt ihr wenigstens hier nicht rumpfuschen‹), ließ Siemens in dem Treuhand-Unternehmen unbehelligt schalten und walten.

Er schaute weg, als das Starkstrom-Management die Verhandlungen mit den Wirtschaftsprüfern der Price-Waterhouse-Gruppe abrupt beendete und stattdessen die Düsseldorfer Prüffirma KPMG verpflichtete. Das ist dieselbe Gesellschaft, die auch die Siemens-Konzernbilanz testiert. Pflichtbewusst wies Price Waterhouse den Treuhänder Schulz auf die Gefahren dieser Doppelfunktion hin. Bürsten-Schulz reagierte kratzig: ›Es gibt hier keine Interessenkonflikte.‹ Kein Mitarbeiter der Berliner Staatsholding hat je den Starkstrom-Anlagenbau besucht, kein Gutachter das Altlastrisiko geschätzt oder den Ertragswert ermittelt. Schulz empfand derartige Analysen, Standard bei jedem Unternehmensverkauf, als unnötig: ›Ich kannte doch das Unternehmen von früher.‹

Verantwortlich für das Laienspiel ist der scheidende Treuhandvorstand Karl Schirner. Großspurig nannte er den Siemens-Coup im Herbst vergangenen Jahres einen ›Musterfall‹. Heute gibt sich Schirner kleinlaut: ›Wenn wir perfekt gearbeitet hätten, wären bis heute nur fünf Unternehmen verkauft.‹« (*Der Spiegel* 15/1991)

Eine Ausrede, die weder ein Richter akzeptieren würde, noch diejenigen akzeptieren können, deren Geld hier verschleudert wurde. Die Zahlen seien wiederholt: Das Unternehmen verfügte über 17 Millionen Bankgeld, über 95 Millionen Mark in Papieren, dann die selbst unter günstigsten Bedingungen noch nicht abgeschriebenen Neumaschinenwerte von über 30 Millionen, dazu Baustellen, Einrichtungen, Immobilien. Und bezahlt wurden dafür von Siemens 8 – in Worten: acht – Millionen DM!

»So wurden wir verhökert!«, resignierte einer von den Wirtschaftsfunktionären, die es abgelehnt hatten, auf

Kosten der Arbeiter mit Siemens gemeinsame Sache zu machen.

Hotel *Astoria*. Am 30. Dezember 1996 wurde das Hotel *Astoria* geschlossen. Als das Haus 1915 eröffnet worden war, war es Deutschlands modernster Hotelneubau mit damals 220 Zimmern, von denen alle verschieden aussahen. Das denkmalgeschützte Gebäude stand jahrelang leer und blieb dem Verfall überlassen. 2006 wurde das Gebäude von der US-amerikanischen Investmentgesellschaft Blackstone Group gekauft, die nach Investoren für das Hotel suchte. 2016 wurde bekannt, dass Blackstone es nach über zwei Jahren Verhandlungen an die Interessenten Starwood Capital, i-Star verkauft habe. Die neuen Hotelbetreiber wollen den Gebäudekomplex wieder zu einem Hotel und Kongresszentrum entwickeln.

VEB Drehmaschinenwerk. Die Pittler-Werke waren einst eine feste Größe in der Messe-Stadt und gehörten zu den größten Werkzeugmaschinenherstellern in ganz Sachsen. 1889 gründet Julius Wilhelm von Pittler sein eigenes Unternehmen zur Herstellung und zum Vertrieb von Maschinen unter seinem eigenen Namen. Gerade in der Zeit, wo der Werkzeugbau boomt, bekommt er schnell Wind in die Segel und entschließt sich bereits 1895 zur Umwandlung in eine Aktiengesellschaft, um damit mehr Kapital zu gewinnen. So entsteht im Stadtteil Plagwitz eine eigene Gießerei, um dort eigene Gussteile für die Maschinen herzustellen, sowie weitere kleinere Betriebseinheiten. In der Hochzeit der 1920er Jahre, 1928, übernimmt man die Aktienmehrheit an der »Magdeburger Maschinenfabrik AG« und schluckt damit einen der größten Konkurrenten in der Region. Die Pittler-Werke sind das Zentrum des Stadtteils Leipzig-Wahren, und so geben sie mehreren Tausend Arbeitern eine Lebensversorgung. Von den Weltkriegen profitiert Pittler. Große Rüstungsaufträge ersetzen das Friedensprogramm, doch genau dieser Punkt bringt das Unternehmen auch zu Fall. Wegen Kriegsproduktion wird das Werk 1945 von den Sowjetischen Einheiten demontiert, um dann ein Jahr später komplett enteignet zu werden. Das Werk und das Vermögen in Leipzig gehen in Volkseigentum über und sind 1948 Basis des »VEB Drehmaschinenwerk Leipzig«. 1959 vergrößert sich der Betrieb durch die Eingliederung des »VEB Centex Leipzig«, und so wird es wieder einer der größten Arbeitgeber der Stadt. Nach 1990 versucht man, das Werk in Leipzig zu sanieren und durch eine Privatisierung zur »Pittler-Tornos Werkzeugmaschinen GmbH« zu sichern. Doch der Erfolg bleibt aus, die Altlasten sind zu groß für das finanzielle Kapital, und so geht das Unternehmen 1997 in den Konkurs. 2006 verschwindet auch das Unternehmen in Langen, und Pittler ist damit nur noch etwas für die Geschichtsbücher.

LEUNA

Die Leunawerke waren nach dem Krieg von der DDR neu aufgebaut worden und der größte Chemiebetrieb des Landes. Im Werk arbeiteten circa 30.000 Werktätige, die Produkte wurden in etwa vierzig Länder exportiert. 1959 begann neben dem weiterbestehenden Altwerk der Neubau des Werkes Leuna II. Es handelte sich um einen modernen Produktionskomplex für die Petrochemie mit Crackanlagen zur Herstellung petrochemischer Rohstoffe. Die Rohstoffversorgung für die Erdölverarbeitung im Altwerk und damit für die Crackanlage erfolgte aus der UdSSR über die Erdölleitung »Freundschaft« via Schwedt/Oder. In den 1970er und 1980er Jahren wurde besonders in die Erdölverarbeitung investiert, und es entstand Leuna III.

Die Kraftstoffe aus Leuna II wurden auch in das westliche Ausland exportiert. So gab es an den Tankstellen Westberlins Leuna-Benzin. Nach der Wende wurde das Kombinat von der Treuhandanstalt übernommen, in kleinen Einheiten weit unter Wert verkauft, obwohl wie in allen Fällen die BRD nie Eigentümer gewesen war.

Mit dem Vorwand, den Erhalt des Standorts zu »fördern«, arrangierte Bundeskanzler Helmut Kohl persönlich die Übernahme der Erdölraffinerie an den französischen Mineralölkonzern Elf Aquitaine. Die über 30.000 Beschäftigten wurden im Zuge der Verkäufe arbeitslos. Die gesamte Leitung der unteren, mittleren und oberen Ebene wurde durch Personen aus den Alt-Bundesländern ersetzt.

Die Raffinerie, die mit Anlagenneubauten auf das Gebiet Leuna III in Richtung des Dorfes Spergau ausgedehnt wurde, trägt heute den Namen »Total Raffinerie Mitteldeutschland GmbH« (TRM).

Der Verkauf des riesigen Unternehmens an französische Konzerne führte zu einem der größten internationalen Skandale. Die Wochenzeitung *Die Zeit* enthüllte, dass der französische Mineralölkonzern Elf Aquitaine angekündigt hatte, 3,4 Milliarden Mark in den Bau einer neuen Raffinerie investieren zu wollen. Dafür kassierte er 1,1 Milliarden Mark Subventionen. Doch bereits 1995, ein Jahr nach dem ersten Spatenstich in Leuna, enthüllte *Die Zeit*, dass Schmiergeldzahlungen bei der Privatisierung der Raffinerie und aufgeblähte Baukosten zu zu Unrecht kassierten Subventionen geführt hatten. 1997 leitete der EU-Kommissar Van Miert ein Hauptprüfverfahren ein, konnte aber angeblich keinen endgültigen Beweis für einen Subventionsbetrug ermitteln.

Ein halbes Jahr lang hatte die Bundesanwaltschaft Schweizer Ermittlungsunterlagen zur Leuna-Affäre studiert, dann wurde entschieden, kein Ermittlungsverfahren einzuleiten. Die Auswertung der Akten habe keine Anhaltspunkte dafür ergeben, »dass deutsche Politiker in strafrechtlich relevanter Weise Zahlungen von Elf Aquitaine erhalten haben«. Dann tauchte ein neuer Anhaltspunkt auf. Es war ein Fax-Schreiben, das den Verdacht aufkommen ließ, dass Schmiergeldzahlungen an Politiker geleistet worden waren. Das Fax stammte von dem bei einem Fallschirmsprung tödlich verunglückten FDP-Politiker Jürgen W. Möllemann, war undatiert und an dessen Geschäftspartner Rolf Wegener gerichtet. Es enthielt die Notiz: Eine halbe Million Mark »zum Abschluss der elf/TH-Aktion fehlt noch«. Die »Untersuchungen« verliefen im Sande.

LICHTE (Thüringen)

»Wird gerade entkernt: Das Werk von Lichte Porzellan an der B 281, zuletzt als PKS firmierend, ist zum zweiten Mal in drei Jahren insolvent. Vor vier Jahren hatte Lichte noch eine vorzeigbare Porzellanprinzessin, einen gut besuchten Porzellanmarkt und mehrere Unternehmen, die sich dort mit ihren Produkten präsentierten. Seitdem ist viel passiert. Die letzte Porzellanprinzessin hat hingeschmissen, den Markt gibt es in dieser Form nicht mehr, und das ehemalige Zierporzellanwerk hat nach der zweiten Insolvenz in drei Jahren die Produktion eingestellt. (…) Die Insolvenzmasse ist laut Oberländer sehr übersichtlich. ›Im Grunde gehören uns nur drei Bottiche, mal übertrieben gesagt‹, so Oberländer. Momentan sei das Verfahren ›masseunzulänglich‹, das heißt, die Gläubiger bleiben auf ihren Forderungen sitzen. Eine Bank als Hauptgläubiger sei nicht darunter. ›Das einzig Dramatische in dem Fall sind die Arbeitsplätze‹, sagt Oberländer, der kaum noch Hoffnung auf einen Käufer hegt. Die Energiezentrale ist bereits abgeschaltet, der Winter steht in dem rund 700 Meter hoch gelegenen 1.500-Seelen-Ort quasi vor der Tür. Wie es aussieht, endet in diesen Tagen eine fast 200-jährige Firmengeschichte. 1822 hatte Johann Heinrich Leder das Werk gegründet, privilegiert von der Fürstlich Schwarzburgischen Landesregierung. Zu DDR-Zeiten wurde im VEB Zierporzellan Lichte hochwertiges Luxusporzellan für den Binnenhandel und den osteuropäischen Export produziert.« (*Ostthüringer Zeitung*, 29.8.2014)

LUCKENWALDE

1957 entsteht in Luckenwalde ein Zweigbetrieb des Wälzlagerwerks »Josef Orlopp« Berlin. Am 1. Oktober beginnt die Produktion des Rillenkugellagers Typ 6305. - 1960: Das Wälzlagerwerk Luckenwalde übernimmt mit die Wälzkörperfertigung aus Bad Liebenstein und erlangt rechtliche Selbständigkeit. - 1971: Im Kreisgebiet Luckenwalde ist das Wälzlagerwerk volkswirtschaftlich der größte und wichtigste Betrieb mit eigener Betriebsschule, Betriebsfeuerwehr und Sozialeinrichtungen. - 1977: Das erste Zylinderrollenlager aus Luckenwalde erhält das Gütezeichen »Q«. - Ende der 70er Jahre: Als erster Industriebetrieb erprobt das Wälzlagerwerk Luckenwalde die Kaltwalztechnologie von Profilringen. - 1980: In Luckenwalde beginnt die Serienfertigung von kaltgewalzten Wälzlagerinnenringen. - 1982: Die erste Kaltwalzmaschine wird auf der Leipziger Messe ausgestellt. - 1986: In Luckenwalde beginnt die Serienfertigung von kaltgewalzten Wälzlageraußenringen. - 31. Dezember 1991: Das Wälzlagerwerk wird in Luckenwalde stillgelegt.

MAGDEBURG

SKET. »Die Sanierung des größten ostdeutschen Schwermaschinenbauers dauerte sechs Jahre, kostete nahezu 12.000 Arbeitsplätze und endete am 15. Oktober 1996 mit dem Konkurs. Zeitungsverkäufer, Taxifahrer, Bäckersfrauen, jeder war in Magdeburg auskunftsfähig: ›Die SKET-Demo? Zum Herrenkrug müssen Sie.‹ Womit das Hotel gemeint war, in dem sich der Aufsichtsrat der SKET Magdeburg GmbH am frühen Nachmittag einfinden würde, um über das weitere Schicksal des Unternehmens zu beraten. Doch nicht nur die Aufsichtsratsmitglieder hatten sich angesagt. Die SKET-Mitarbeiter wollten vor Ort noch einmal lautstark kundgeben, was sie von der Chefetage erwarteten.

Der ›Herrenkrug‹ war als Tagungsort eine interessante Wahl: Idyllisch zwischen Park und Stadtvillen gelegen, vom Werk aus gesehen am anderen Ende der Stadt. In den Blumenrabatten vor der Hotelauffahrt hatten IG Metall und SKET-Betriebsrat einen LKW postiert, auf dessen Pritsche die mehreren hundert Demonstranten hohen Besuch ausmachen konnten. Reinhard Höppner hatte sich eingefunden, der Landesvater, wie er mit etwas ironischem Unterton angekündigt wurde. Noch vor einer Woche war er einer Belegschaftsversammlung ferngeblieben. ›Von wegen Landesvater – Stiefvater!‹, die Stimmung der Menge war nicht auf seiner Seite. Die SKET-Werker werfen ihm vor, außer guten Worten nichts für den Betrieb eingesetzt zu haben. Auch am Montag forderten sie zum wiederholten Male, dass die Landesregierung sich endlich mit Sitz und Stimme in den Aufsichtsrat begebe und dort für den Erhalt der Arbeitsplätze streite.

Höppner, sichtlich betroffen von der angeheizten Stimmung, hatte keinen guten Einstieg: Die Solidarität der Landesregierung mit SKET, dem Flaggschiff der ostdeutschen Industrie, sei ungebrochen. Der Name SKET müsse erhalten werden. ›Nicht der Name, das Unternehmen‹, schallte es ihm entgegen. Denn um nicht weniger ging es. Nachdem erst im April ein neues Konzept verabschiedet worden war, das für einen Sanierungszeitraum von zwei Jahren einen Stellenabbau von 1.800 auf 1.100 im Stammwerk vorsah, hatten in den letzten Wochen Verlautbarungen der Treuhandnachfolgerin BvS, Eigentümerin von SKET, über fehlende Aufträge und unbefriedigenden Umsatz neue Ängste geschürt. Und richtig: Ein von Unternehmensberater Roland Berger erstelltes Sanierungskonzept ging jetzt von der Aufsplittung des Unternehmens und von einer weiteren Reduzierung der Arbeitsplätze auf 542 aus.

›SKET muss und wird leben!‹ Betriebsratsvorsitzender Günther Oelze gab sich kämpferisch und wusste die Mehrheit hinter sich. ›Du musst ein Schwein sein in dieser Welt‹, zitierte ein Plakat an der improvisierten Bühne einen derzeit gängigen Popsong. Otto Weiß, arbeitsloser Ex-Betriebsrat aus den Magdeburger Armaturenwerken (MAW), verlas eine Liste geschlossener Unternehmen in Sachsen-Anhalt: die Schraubenfabrik und das Messgerätewerk in Magdeburg, der Waggonbau in Dessau, demnächst sein eigener Betrieb. Die düstere Aufzählung wurde unterstützt von Bernd Heinemann, beschäftigt bei der AOK und bekannt als Schiedsrichter der Bundesliga. Magdeburg sei eine Stadt des Schwermaschinenbaus gewesen, sagte er, nun sei es eine des Schwermaschinenabbaus. Und was den Fußball anginge: Der Sport könne nur leben, wenn es der Wirtschaft gut ginge. Die Stadt brauche keine zehntausend Kinoplätze und keine neuen Einkaufszentren, sie brauche SKET.

Wieder deutliche Worte an die Politik. Sie waren gut platziert, denn neben Höppner hatten sich auch der grüne Landtagsfraktionschef Hans-Jochen Tschiche, SPD-Landesvorsitzender Rüdiger Fikentscher, CDU-Landeschef Karl-Heinz Daehre sowie der Bundesvorstandssprecher von Bündnis 90/Die Grünen, Jürgen Trittin, eingefunden. Redebeiträge kamen nicht von ihnen, doch schon ihre Anwesenheit zeigte die Bedeutung dieses Tages.

Claus Matecki, IG-Metall-Bevollmächtigter und stellvertretender Aufsichtsratsvorsitzender von SKET, ergriff noch einmal das Wort, bevor er sich in die entscheidende Sitzung begab. Er attestierte BvS und Geschäftsleitung geballten Unsachverstand und Unwillen zur Rettung des Unternehmens. Als erster an diesem Nachmittag benutzte er den Begriff ›Gesamtvollstreckung‹, einer solchen werde die Arbeitnehmerseite im Aufsichtsrat eine entschiedene Absage erteilen. Wie viel diese Absage jedoch wert sei, hänge von der Haltung und Stimme des leitenden Angestellten in der Arbeitnehmerfraktion ab, und in dieser Hinsicht hätte er seine Zweifel. Eine düstere Prognose.

Am Abend, kurz vor neun, kam der Schock: Geschäftsführer Kirchgässer teilte den Journalisten das Ergebnis der Sitzung mit. Arbeitgeber und -nehmer hätten sich nicht auf ein gemeinsam gangbares Konzept einigen können, nun werde die Gesamtvollstreckung eingeleitet. BvS-Vertreter Rudolf Bohn beeilte sich zu erklären, dies müsse nicht das Ende sein. Man könne SKET auch aus der Gesamtvollstreckung heraus sanieren oder verkaufen. Matecki sprach vom ›Aus für SKET‹. Ein trauriges, ein unwürdiges Ende für das Flaggschiff.« (*Neues Deutschland*, 16.10.1996)

Öle und Fette. 1948 waren die Volkseigenen Öl- und Fettwerke gegründet worden. 1958 waren in diesem Betrieb schon 1.200 Arbeitskräfte tätig. Von 1990 an wurde der Betrieb als Ölmühle Magdeburg geführt, 1992 ging er in Insolvenz. Von 1998 bis 2001 wurden die Gebäude abgerissen und 2001 ein Gewerbezentrum installiert.

Diamant-Brauerei. Gemessen am technischen Standard der DDR gehörte die Diamant-Brauerei zu den Spitzenbetrieben. 1991 nach der Wende kam das endgültige Aus für die Brauerei – ein Schicksal vieler VEB. Mittlerweile gab es in den denkmalgeschützten Gebäuden schon einige Brände und jede Menge Verwüstung. Mal sehen, wie lange die Anlage das noch aushält, bis dann doch der Abriss kommt?

MEISSEN

Die Meißner Schuhfabrik war eine von 1900 bis 2008 im sächsischen Meißen bestehende Firma, die vor allem Herrenschuhe herstellte. 1954 waren hier 700 Mitarbeiter beschäftigt. 1970 galt das Unternehmen als Leitbetrieb für die Herrenschuhproduktion in der DDR. 1994 wurde der Betrieb von der Treuhandanstalt symbolisch an einen russischen Investor verkauft. Es wurde ein Jahr weiter produziert. 1996 erwarb die Firma Ströber & Co Schuhfabrik GmbH das bewegliche Inventar. Das Fabrikgebäude steht auf der Hermann-Grafe-Straße im Stadtteil Zaschendorf. Am 15. August 2013 meldete eine Zeitung den Abriss: »Die Kosten für die Abbrucharbeiten seien weit niedriger als geplant und belaufen sich auf rund 180.000 Euro.«

MERSEBURG

YouTube präsentierte nach 1990 im Internet einen 11-Minuten-Film über die Ruinen der Papierfabrik. Titel: *Verlassene Gebäude.* – »Seit dem Verkauf der Papiermühle Anfang der 90er Jahre ist abgesehen von unvollendeten Abbrucharbeiten und einigen Beräumungs- und Sicherungsmaßnahmen nichts passiert, was den verheerenden Eindruck des Areals grundsätzlich verändert hatte. Die Beräumung beginnt auf den Flächen, die der Stadt Merseburg gehören – rund fünf Hektar. Dafür stehen fast 400.000 Euro zur Verfügung, der Löwenanteil davon sind Fördermittel. Die hatte Oberbürgermeister Jens Bühligen (CDU) nach langen Verhandlungen erwirkt, mit dem Geld kann ein Teil der Ruinenlandschaft beseitigt werden. Es wird geschätzt, dass 25.000 Tonnen von insgesamt 120.000 Tonnen abtransportiert werden müssen.

Damit ist freilich die Königsmühle noch lange nicht gänzlich frei von Schutt: Viele Flächen dort gehören einem Bauunternehmen aus den Altbundesländern. Dieses Privatgelände soll im kommenden Jahr beräumt werden. Wann genau das an der Saale gelegene Gelände renaturiert ist, kann auch OB Bühligen nicht genau sagen. Sein Ziel sei jedoch, dass Ende kommenden Jahres die Maßnahmen abgeschlossen sind. Allerdings ist für das 24 Hektar große Areal dann keine neue Bebauung geplant. ›Wir planen keine Entwicklung der Königsmühle‹, so Bühligen.

Die Beräumung des ehemaligen Gewerbegebietes ist vor allem auch für Radfahrer eine gute Nachricht, führt doch der beliebte Saaleradwanderweg bisher direkt an den Ruinen vorbei. Dabei soll der Abtransport des Bauschutts nicht über die Innenstadt erfolgen. Nach Angaben der Stadt fahren die Laster über den Stadtpark.

Die Königsmühle, seit 1948 Zellstoff- und Papierfabrik Merseburg, hat im Juni 1990 ihren Betrieb eingestellt. Im November des gleichen Jahres übernahm die Wohnpark-Saalestrand GmbH den größten Teil des Geländes, um ein Wohngebiet zu erschließen. Hinter dieser GmbH stand der inzwischen verstorbene Göttinger Investor Paul Kurth. Der Abriss der alten Anlagen wurde zwar von ihm betrieben, aber nicht zu Ende geführt, eine angedachte Wohnbebauung scheiterte. Ebenso scheiterten frühere Versuche, das Gelände gänzlich zu beräumen.« (*Mitteldeutsche Zeitung*, 4.7.2008)

MÜHLHAUSEN

Auch in Mühlhausen mit seinen Großbetrieben scheiterten alle Versuche, die volkseigenen Betriebe zu sichern. So wurden die meisten Betriebe liquidiert und zum Teil für ein Butterbrot verschleudert. Tausende Arbeitskräfte wurden arbeitslos. Zu den untergegangenen Betrieben gehörten: VEB Mikroelektronik mit 2.598 Mitarbeitern, VEB Mülana mit 3.400 Mitarbeitern, VEB Cottana mit 1.500 Mitarbeitern, VEB Mövewerk mit 1.056 Mitarbeitern, VEB Kinderfahrzeuge mit 465 Mitarbeitern, VEB Förderwagen und Beschlagteile mit 290 Mitarbeitern und mindestens zehn weitere volkseigene Betriebe mit jeweils 100 bis 1.000 Beschäftigten (VEB Brauhaus, Lederwarenwerk, HO). Insgesamt wurden über 10.000 Werktätige in Mühlhausen arbeitslos – ein Schlag, von dem sich die Stadt nur schwer erholte, denn die kleinen Neugründungen konnten das bei weitem nicht auffangen. (Mühlhausen, BLOG, eingestellt von Günter Körber.)

NEUBRANDENBURG

Neubrapharm. »Selbst neue Produktionsstätten werden dann zum Fall für die Abrissbirne. Das Chemieunternehmen Neubrapharm GmbH, nordwestlich von Neubrandenburg gelegen, wird verschrottet, noch ehe die moderne Anlage die erste Penicillin-Ampulle auswirft. ›Wir sind das modernste Industriemuseum der Welt‹, sagt Betriebsrat Helmut Jahn.

Das Arzneimittelwerk, für eine Milliarde DDR-Mark erbaut, war von der SED-Führung als Verlustbringer geplant. Etwa 120 Mark kostet hier die Herstellung eines Kilo Penicillin – der Marktpreis liegt derzeit bei 38 Mark. Experten der Bayer AG waren vor Ort, staunten, rechneten und winkten schließlich ab: Unwiderruflich unrentabel, lautete ihr Urteil.« (*Der Spiegel* 11/1991)

Nordbräu. Die Brauerei verfügte 1990 über eine Belegschaft von 1.733 Arbeitskräften. 1994 waren es noch 20 und 1995 oder 1997 wurde der Betrieb stillgelegt.

Die Stadt zählte 1990 rund 90.000 Einwohner, von denen 2014 noch 63.311 geblieben waren.

NEUGERSDORF (Sachsen)

Die *Sächsische Zeitung* hatte am 16. Januar 2013 gemeldet: »Ein großer Schutthaufen ist übrig geblieben. Etwa zwei Drittel des ehemaligen Lautex-Verwaltungsgebäudes an der Neugersdorfer Thälmannstraße sind verschwunden. Die Schuttreste des Gebäudes werden derzeit noch abtransportiert. Anschließend geht es an die Tiefenenttrümmerung, erklärt der Ebersbach-Neugersdorfer Bauamtsleiter Matthias Lachmann. Das heißt, Fundamente und Keller, die sich unter der Erdoberfläche befinden, werden abgerissen. Das kann auch im Winter erledigt werden, Frost behindert diese Arbeiten nicht. Riesig ist der ›Weiße Riese‹ trotzdem noch. Schon im ersten Halbjahr 2012 hatte die Stadt beschlossen, den südlichen Gebäudeteil abzureißen. (…) Übrig geblieben ist der älteste Teil des Lautex-Riesen. Er war 1875 vom Neugersdorfer Fabrikanten Hoffmann in Auftrag gegeben worden.«

NEURUPPIN

Der Spiegel meldete am 16. September 1991 unter dem Titel »›Eine Stille wie im Sanatorium‹«: »Der letzte Eintrag im Schichtbuch der Elektro-Physikalischen Werke (EPW) in Neuruppin ist knapp und eindeutig: ›Alte Halle ausgeschaltet, niemand arbeitet mehr.‹ Anstelle einer Unterschrift hatte der Schichtführer ein schwarzes Kreuz darunter gesetzt. An jenem Freitag Ende Juni hatte ein Mann aus dem Westen die Maschinen in Europas größtem Leiterplattenwerk abstellen lassen und die 2.400 Werktätigen nach Hause geschickt. Wirtschaftsjurist Ulrich Brugger, 44, kommt immer dann, wenn nichts mehr geht. Er ist der Mann für die letzten Stunden eines Unternehmens. Im Treuhand-Auftrag lässt er komplette Werke demontieren, verschrotten oder verkaufen. Bruggers Auftrag ist erfüllt, wenn die Telefonkabel gekappt und die Werktore verrammelt sind. Er ist Liquidator. In Neuruppin, wo vor der Wende High-Tech-Teile für Fernseher und Robotron-Schreibmaschinen gefertigt wurden, ging längst nichts mehr. (...) Als letzte Arbeiterin stand an jenem Freitagmorgen im Juni Brigitta Pohl, 53, an ihrer Maschine. Die Ex-Genossen der Geschäftsleitung wollten einander mit bedruckten Kupferplatten beschenken: ›Zur Erinnerung an die Leiterplattenproduktion in Neuruppin‹. Ein letztes Mal brauchten sie die Pohl und ihre Lackiermaschine. Mit ihrem in 32 Arbeitsjahren trainierten Pflichtgefühl erfüllte sie den Oberen auch diesen Wunsch. Danach, die Halle war leer, der Strom längst abgeschaltet, griff Brigitta Pohl zum Putzlappen und polierte den acht Meter langen Stahlkoloss, an dem sie jahrelang gearbeitet hatte. (...) Bis auf den letzten Tag hatte sie gehofft, ›dass wir weiter Platten machen‹. Warum das Ende unausweichlich war, hat ihr niemand erklärt. (...) Brugger will den unverkäuflichen Großbetrieb zerlegen. Jeden Tag bekommt er neue Kaufofferten. Viele Westler bieten Spottpreise – sie sind oft nur an den Ländereien interessiert. Aufgabe des Liquidators ist es, den Investor vom Spekulanten zu unterscheiden. (...) Für Menschen wie Brigitta Pohl wird es keinen neuen Job geben. Die 53-Jährige ist selbst für die Umschulung in der örtlichen Beschäftigungsgesellschaft zu alt. Das Arbeitsamt konnte ihr nicht einmal im ABM-Programm einen Platz anbieten. (...) Beim letzten Marsch durch die holprige Neuruppiner Hauptstraße stand auf einem der bemalten Bettlaken: ›Zukunft – mir graust vor Dir.‹« (*Der Spiegel* 38/1991)

NIEDERSCHMALKALDEN

Die Kammgarnspinnerei war 1834 gegründet worden. Später arbeiteten hier bis zu 1.000 Beschäftigte. Es erfolgte eine Umstellung auf Chemiefasern. Nachdem die Kammgarnspinnerei 1992 infolge des Konkurrenzdrucks zunächst geschlossen worden war, erwarben 1994 die Wagenfelder Spinnereien (Niedersachsen) das Unternehmen. Nach 2003 versuchten Landrat und Bürgermeister, die Schließung des Niederschmalkaldener Werkes zu verhindern. Die Bemühungen scheiterten. 2004 wurde die Produktion nach Tschechien verlagert, Nachfolger fanden sich nicht.

OLBERNHAU

1980 wurde aus dem Kombinat Holzspielwaren Vero Olbernhau ein großer Volkseigener Betrieb mit dem Namen »VEB VERO Olbernhau«. 1981 wurde dieser an das Kombinat Spielwaren Sonneberg angeschlossen. 1986 hatte der VEB Vero Olbernhau 82 Produktionsstätten in 20 Orten. Ab 1990 wurde die Produktion verringert und später dann vollständig eingestellt. Schon 1991 wurden die ersten Reprivatisierungen durchgeführt. So wurde aus Teilen des VEB Vero Olbernhau die »Sonni Holzspielwaren VERO GmbH« (1990 –1993). Der MDR filmte im Werk ein

Kapitel seiner Serie »Vergessene Orte der Arbeit«: »1.200 Menschen standen auf der Straße.«

Blechwalzwerk. Am 1. Januar 1969 war das Bandstahlkombinat Eisenhüttenstadt (BKE) gegründet worden, zu dem auch das Blechwalzwerk Olbernhau gehörte. Am 21. Dezember 1971 wurde ein »Rekord« aufgestellt, als der Jahresausstoß erstmals die Menge von 100.000 Tonnen gewalzter Bleche überschritt. Die systematische Steigerung der Produktion wurde durch technische Rekonstruktionen, Rationalisierungen, Realisierung von Neuerervorschlägen und der Bereitschaft der Belegschaft erreicht. Dann kam der Tag des Jahres 1983, an dem die Produktion von Blechen für die Elektroindustrie eingestellt werden musste, weil mit den vorhandenen technischen Anlagen die geforderten Qualitätsstandards nicht mehr erfüllt werden konnten. Man entschied sich für den Import dieser Produkte. In den 1980er Jahren wurde auch wieder für den Export in westliche Länder produziert. Bereits 1974 waren Bleche in die USA, die BRD und Belgien geliefert worden. Zu Beginn der 1980er Jahre begann auch die Fertigung von Rationalisierungsmitteln wie Hebebühnen, Kettenbändern und Ersatzteilen für den Eigenbedarf.

Im ersten Halbjahr 1989 wurde eine bis ins Jahr 1995 reichende Konzeption projektiert, aber nach 1990 scheiterten alle Versuche, neue Absatzmöglichkeiten zu erschließen. Schon am 5. Oktober 1990 wurde die Produktion eingestellt, am 30. Oktober folgte die Liquidation. Nach 453 Jahren endete die Geschichte der Metallurgie in Olbernhau.

PIRNA

»Prägend war die in der Geschichte der Stadt beispiellose Deindustrialisierung im Zuge der Deutschen Wiedervereinigung. Der unmittelbare Übergang zur Marktwirtschaft führte zur Stilllegung eines erheblichen Teils der strukturbestimmenden Industriebetriebe. Allein in den drei größten Werken – Kunstseidenwerk, Strömungsmaschinenwerk und Zellstoffwerk – fielen bis Mitte der 1990er Jahre infolge Schließung und Abwicklung durch die Treuhandanstalt über 5.000 Arbeitsplätze weg.« (Wikipedia)

PREMNITZ

Ab 1960 trug das VEB Chemiefaserwerk den Namen »Friedrich Engels«. Ab 1990 verzichtete man auf den und ließ Umstrukturierungen, Arbeitsplatzabbau und die schrittweise Stilllegung einzelner Anlagen folgen. Gebäude wurden von anderen Industriezweigen genutzt, der Rest verfiel seit der endgültigen Schließung 2004. Die entnahm man den Daten herumliegender Zeitungen, Kalender und Akten. Übrig blieben verfallende Laborbereiche und eine Kantine mit einem Wandmosaik, das die Vergangenheit zum Thema hat.

RADEBERG

Keradenta. »Türen hängen schief in den Angeln, Fensterscheiben sind zerbrochen: Von einer ehemaligen Fabrik sind nur Ruinen geblieben. Ein einzelner Arbeiter schippt Schnee zu einem Haufen. Er ist der letzte hier im Betrieb und wird bald die Lichter ausmachen. Die Heizung ist ohnehin schon abgestellt.« (MDR 2011)

1991 war das Werk geteilt und an die Westdeutschen Norbert Kalow und Albert Kreitmair verkauft worden. Kalow hatte die Gelegenheit genutzt und die zur »Sanierung« gezahlten Kredite an seine vom Konkurs bedrohte Westfirma überwiesen. Am 21. April 1993 wandten sich die Betriebsräte mit einem Schreiben an den Sächsischen Landtag, nachdem über Betriebsbesetzung und Hungerstreik zwar in den Medien berichtet worden war, die letztlich zuständige Treuhand aber nie reagiert hatte. In dem Schreiben an das Parlament hieß es: »Die Keradenta-Betriebe wurden im September 1991 durch die Deutsche Med-Lab GmbH Leipzig im Auftrag der Treuhandanstalt, ohne Beachtung der notwendigen Sorgfaltspflicht, an dubiose Geschäftemacher aus den Altbundesländern veräußert. Logische Folge war die völlige Ausplünderung der Unternehmen. Betriebsgewinne wurden abgezogen, Investitionskredite flossen zu großen Teilen nachweislich in die Westfirmen der Käufer. Aus diesen Gründen wurde am 29.01.1993 die Gesamtvollstreckung gegen beide Betriebe eröffnet. Heute weiß man, dass die Käufer nur ein vitales Interesse an der Immobilie der Keradenta GmbH hatten, um ihre maroden Westunternehmen vor dem Ruin zu retten. Bereits im November 1992 wurde Strafanzeige gegen Herrn Kalow wegen Betruges bzw. Untreue erstattet. Nach einem Gutachten der Verwalterin, RA Frau Krüger-Knief, ist der Kaufvertrag mit gravierenden Mängeln behaftet und wurde in Bezug auf die Arbeitskräftegarantie und Investitionsgarantie nicht eingehalten. Etwa 200 betrogene Mitarbeiter fordern von der Treuhandanstalt die Rückabwicklung der Kaufverträge und hielten seit dem 15.02.1993 den Betrieb besetzt.«

Eines Tages gingen sie nach Hause, wo die Arbeitslosigkeit sie erwartete.

RADEBEUL (Sachsen)

Das letzte Überbleibsel des ehemaligen Arzneimittelwerks Dresden (AWD) verschwand fast spurlos. Nach langem Protest hatte der Betriebsrat um Karin Roßberg einem Sozialplan zugestimmt. AWD war danach einer von vielen Markennamen des israelischen Teva-Konzerns, der AWD und Ratiopharm gekauft und die Verwaltung nach Ulm verlegt hatte. In Radebeul gingen 130 Arbeitsplätze verloren, einst hatte das Unternehmen 300 Arbeitskräfte beschäftigt. (*SZ/mz*)

Nähmaschinenteilewerk. Das volkseigene Unternehmen wurde 1990 von der Treuhandanstalt stillgelegt; die Gebäude in Radebeul-Kötzschenbroda verfielen zusehends. Wohnungen sollten auf dem 7.000 Quadratmeter großen Areal errichtet werden. 2007 erfolgte der Beschluss zur Aufstellung eines vorhabenbezogenen Bebauungsplans zur »Umnutzung der ehemaligen Nähmaschinenfabrik«. Aufgrund der immer weiter verfallenden alten Bausubstanz ließ sich das Vorhaben nicht realisieren. 2012 wurde daher das Areal weiterverkauft und dann durch den neuen Eigentümer beräumt. Dazu gehörte auch die Sprengung des zugehörigen Industrieschornsteins am 18. Januar 2013.

Schuhfabrik. Das Werk hieß früher einmal »Spezialbetrieb für Damenstraßenschuhe aus Austauschstoffen«. Die 250 Mitarbeiter, die 1946 dort tätig waren, erhöhten sich bis 1966 auf über 800. Die Jahresproduktion stieg von 1,7 Millionen Paar Schuhen im Jahr 1958 auf 2,16 Millionen Paar im Jahr 1966. Davon gingen 1,3 Millionen Paar in den Export. Bis zur Wende war die Raschufa einer der größten Industriebetriebe Radebeuls. Es kam die »Wende« und mit der »Wende« der Untergang: 1993 war das Werk durch Liquidation stillgelegt worden.

REICHENBACH

In den Nachkriegsjahren wird das Unternehmen zum 30. Juni 1946 enteignet und als Stammwerk (Werk 5/1) in den »VEB Vogtlandstoffe Reichenbach« eingegliedert. Dieser wiederum wird 1960 ein Teil des Kombinats »Wolle und Seide Meerane«. Der Produktionsschwerpunkt liegt auf Damenkleider- und Mantelstoffen aus Wolle und Seide.

Um 1990 wird der VEB aufgelöst und in die »Vogtlandstoffe GmbH« umgewandelt, auch hier folgt der Konkurs des noch jungen neuen Unternehmens nach einer Übernahme durch ein westdeutsches Unternehmen und damit das Ende der Reichenbacher Textiltradition. Im Jahre 2013 wurden die alten Webereihallen abgerissen.

RIBNITZ-DAMGARTEN (Mecklenburg-Vorpommern)

»Ein gewisser Kynder besaß in Hamburg seit 1989 einen Gebäudekomplex, der aus fünf zwischen 1958 und 1969 errichteten Einzelhäusern bestand. Wie viele andere fuhr er 1991 bei der Treuhand vor und ließ sich vorführen, was so im Angebot sei. Warum ihm dann ausgerechnet das Spanplattenwerk in Ribnitz-Damgarten gefiel, hat er nie öffentlich bekannt. Vielleicht, weil die über 2.000 dort Tätigen Europas größte Anlage für mitteldichte Faserplatten, den Grundstoff der Möbelindustrie, betrieben. Betriebsrat Diderich erinnerte sich später: ›Der Kynder hat sich als edler Samariter vorgestellt.‹ Als ihn ein Betriebsangehöriger bei seinem ersten Rundgang fragte, wer er denn sei, antwortete er ihm sanftmütig und freundlich lächelnd: ›Der neue Besitzer!‹

Am 20. Dezember 1991 hatte ihm die Rostocker Treuhandfiliale das Werk mit einem ordentlichen Vertrag verkauft. Weil das inzwischen immer unglaubwürdiger klingt, sei der Preis mit Nachdruck noch einmal wiederholt: 1 (in Worten: eine) Deutsche Mark. Mit zehn Prozent waren die Bison-Werke mit von der Partie, von denen es hieß, sie produzieren Werkzeugmaschinen. Kynder änderte auch noch den Firmennamen in Bestwood E. F. Kynder G.m.b.H und begann mit der Ausplünderung, über die man in der *Berliner Zeitung* (24.8.1996) lesen konnte: ›Bereits im Dezember 1993 malt der Landesrechnungshof den drohenden Konkurs an die Wand: Die Planzahlen seien ›allesamt zu optimistisch‹. Erstmals ist nun auch von Unregelmäßigkeiten die Rede. Trotzdem bewilligt die CDU-FDP-Landesregierung noch einmal 33 Millionen Mark – 1994 ist Wahljahr. ›Der eigentliche GAU aber‹, sagt der ehemalige Geschäftsführer Eberhard Krutzsch, ›das war die Spanplattenanlage.‹ Im Sommer 1992 beauftragt Bestwood die Bison-Werke, eine moderne Anlage für Spanplatten zu bauen, die 76 Millionen kostet. Eine Ausschreibung findet nicht statt; wohl aus gutem Grund. ›Mir kam das alles spanisch vor‹, erinnert sich Arbeiter Dieter Wirth, ›wir mussten nämlich ständig uralte Teile montieren.‹

Für Staatsanwalt Lückemann steht fest: ›Da wurde eine alte Anlage eingebaut, um Steuergelder zu erschleichen.‹ Und so soll der Deal funktioniert haben: Ein Teil der Spanplattenpresse, Neupreis 17 Millionen, war bereits 1991 für neun Millionen von Bestwood an eine Bison-Tochter verkauft worden. Diese Altanlage wurde bei Bison abmontiert und über eine Zwischenfirma an Bestwood geliefert. Der Verdacht: Kynder und sein Komplize hätten sich die Differenz zwischen Alt- und Neupreis geteilt. Für gebrauchte Wirtschaftsgüter sind zudem keine Subventionen erlaubt; daher seien, sagt der Staatsanwalt, 30 Millionen Mark an Steuergeldern betrügerisch kassiert worden.

Doch Eduard F. Kynder bestreitet die Vorwürfe und

schiebt den Schwarzen Peter den Bison-Werken zu. Von Mallorca aus sagte er der *Berliner Zeitung*: ›Ich habe nie etwas von dem Betrug gewusst – Bison hat die Altanlage hinter meinem Rücken aufgestellt.‹ (...) Doch wie auch immer der Rechtsstreit ausgeht – bei Bison ist nichts mehr zu holen. Die Firma ging am 1. Mai 1996 in den Konkurs und wurde einen Tag später verkauft.

Merkwürdigkeiten gab es aber nicht nur bei der Lieferung, sondern auch bei der Montage der Spanplattenstraße. Das besorgte die IPB AG aus der Schweiz, laut Kynder eine ›weltweit tätige‹ Montagefirma. Doch Bestwood-Mitarbeitern ist sie nur als ›Ein-Mann-Betrieb‹ bekannt. Wieder fand keine Ausschreibung statt, und wieder verschwanden Riesensummen. Die Montage kostete 2,5 Millionen; doch als die Finanzbeamten später die Bücher prüften, stellten sie fest, dass dieser Betrag viel zu hoch angesetzt war. Genauer gesagt: um elf Millionen Mark, gemessen an branchenüblichen Preisen.

Für die Steuerfahnder in Rostock erfüllen die Manipulationen den Tatbestand einer ›verdeckten Gewinnausschüttung‹ – in einem Papier kommen sie zu dem Ergebnis: ›Der beschuldigte Kynder ist der eigentliche Verantwortliche.‹ Er habe bei allem die Regie geführt und – so die Staatsanwaltschaft – als IPB-Gesellschafter die überhöhten Rechnungen über Bestwood in die eigene Tasche bezahlt.‹

So oder so – Bestwood ging pleite! Verzweifelt wehrten sich die letzten noch Beschäftigten mit jener Betriebsbesetzung, aber die blieb erfolglos.« (Klaus Huhn: *Die Flachzangen aus dem Westen*. Spotless-Verlag 2010.)

RIESA

Die traditionsreiche Geschichte der Zündholzfabrik nahm ihren Anfang im Jahre 1923. Damals errichtete die Konsumgenossenschaft dort ein solches Werk. Als einer der letzten Betriebe in der DDR war die Fabrik 1975 als »VEB Zündholzwerk Riesa« in Volkseigentum überführt worden. In den achtziger Jahren lief die Produktion der Zündhölzer auf Hochtouren, die Nachfrage aus dem Ausland wuchs so enorm, dass man in Riesa Sonderschichten einlegen musste. Bis zu 70 Prozent der Produktion ging in den Westen. Das änderte sich nach 1990, auch weil die asiatische Konkurrenz zu Spottpreisen verkaufte. Bis 1993 hielt sich das Werk, dann wurde es liquidiert, im Jahr darauf wurde die Produktion endgültig eingestellt. Es war die letzte Zündholzfabrik in Deutschland. Noch im selben Jahr wurden der Markenname und das Logo verkauft und mit dem großen »R« in China neu aufgelegt. Von nun an kamen die Riesaer Zündhölzer aus China.

ROCHLITZ

Hydraulik. »Dem Betrieb war in den Jahren 1957 bis 1959 die Aufgabe gestellt worden, dem DDR-Maschinenbau die erforderlichen hydraulischen Elemente, Aggregate und komplette Hydraulikanlagen zu produzieren. Das war eine gewaltige Umstellung. In der Chronik von 1966 steht: ›Wir waren der erste Spezialbetrieb in der DDR für hydraulische Erzeugnisse. Jeder Kunde verlangte die Hydraulik speziell für seine Maschinen. So fertigten wir für den VEB John Scheer in Meuselwitz die komplette Hydraulikanlage für die Senkrechtstoßmaschine.‹ (...) ›Der Rochlitzer Betrieb wurde zu einer ökonomisch sehr starken Wirtschaftseinheit. 1966 wurden bereits 124.000 Zylinder hergestellt. In dieser Zeit wurde zur Fließfertigung übergegangen.

An Stelle von Universalmaschinen konnten wir hochproduktive Spezialmaschinen einsetzen und die Produktion nach fortgeschrittenen wissenschaftlichen Erkenntnissen organisieren. Unsere Erzeugnisse erhielten im Jahre 1966 das Gütezeichen Q und bestimmten hinsichtlich der Qualität und der Preise Weltniveau. Sie fanden Ausdruck in einwandfreier Funktion auf vier Kontinenten‹, berichtet die Chronik.

Der Hydraulikbetrieb hatte neben der technischen Entwicklung für seine Beschäftigten auch viele kulturelle und soziale Einrichtungen geschaffen: Einrichtung einer vorbildlichen Werksküche, Gründung eines Frauenausschusses, Durchführung eines Kinderferienlagers, Gründung einer Betriebssportgemeinschaft, Einrichtung einer Sauna, Einrichtung einer betrieblichen Zahnarztstation, Ferienheime, Bücherei, Musikgruppe, Foto-Filmzirkel, Dramatischer Zirkel, Kraftsportgruppe, Patenschaft mit der Mittelschule Rochlitz.

Soweit über den ehemaligen Hydraulikbetrieb, der nahezu vierzig Jahre in Rochlitz bestand. Diese Ausführungen beruhen auf den Aussagen der 1966 geschriebenen Chronik, die nie gedruckt wurde. Ihr Manuskript wurde 1992 unter dem Schutt des aufgelösten und demontierten Betriebes gefunden.« (Zitiert aus: *Not macht erfinderisch. Zur Geschichte der Industrie in der Region Chemnitz-Zwickau. 1945–1990–2015*. Mironde-Verlag 2015.)

Stern-Radio. Am 9. Mai 2016 meldete die Chemnitzer *Freie Presse*: »Mit einem Lächeln auf den Lippen und sichtlich stolz schaut sich Otto Lorenz in den Räumlichkeiten des Rochlitzer Geschichtsvereins in der Bahnhofstraße um. Sein Blick streift zahlreiche Rundfunkgeräte, die hier ausgestellt wurden. ›Ich freue mich über die Eröffnung dieser

Ausstellung. Sehr aufwendig und mit viel Liebe zum Detail wurde die Geschichte unseres Betriebes tiefgründig aufbereitet‹, sagte Lorenz. Mit ›unseren Betrieb‹ meint der mittlerweile 97-jährige Lunzenauer den VEB Stern-Radio. Von 1946 bis 1984 war Lorenz an der Radioproduktion beteiligt. ›Ich war gewissermaßen als technisch-wissenschaftlicher Arbeiter die rechte Hand der Betriebsleitung‹, betonte der 97-Jährige. Doch nicht nur für ihn, sondern auch für die anderen ehemaligen Mitarbeiter von Stern-Radio war der vergangene Freitagnachmittag etwas Besonderes. Pünktlich zum 70-jährigen Jubiläum des Produktionsbeginns in Rochlitz öffnete nun eine eigene, kleine Ausstellung über den nach der Wiedervereinigung geschlossenen Rundfunkbetrieb. Die Idee zur Gestaltung eines Erinnerungsortes gedieh dabei bereits unmittelbar nach der endgültigen Werksschließung Ende April 1995, blickte Joachim Heinzig von der Interessengemeinschaft Industriegeschichte des Rochlitzer Geschichtsvereins zurück. Heinzig, der ebenfalls von 1962 an bei Stern-Radio gearbeitet hatte, nahm nach der Schließung des volkseigenen Betriebes den Kontakt zu einigen Kollegen auf. ›Bei Familienausflügen mit befreundeten Mitarbeitern haben wir das Thema einer Aufarbeitung der Betriebsgeschichte bereits einige Male diskutiert‹, erklärte Heinzig. Doch er und seine Mitstreiter hatten zunächst weder eine Räumlichkeit noch die finanziellen Mittel, um eine solche Ausstellung zu verwirklichen. (...) Im März 2014 kam die Rettung: Nach intensiven Gesprächen mit der Stadt und der Wohnungsgesellschaft Muldental wurde ein Mietvertrag in der Bahnhofstraße 49 unterschrieben. ›Nun ging es wieder bergauf, wir malerten, bauten und reparierten die folgenden zwei Jahre lang‹, erklärte der frühere Abteilungsleiter.« (*Freie Presse*, 9.5.2016)

Deutsche Seerederei (DSR). Begonnen hatte diese Reederei mit zwei gehobenen Schiffen: dem in Wismar untergegangenen Dampfer *Johann Ahrens* (ehemals *Grete Cords*) mit 1.250 tdw und dem Seeleichter *Quistorp IV*. Im August 1950 hatte der DDR-Ministerrat den Bau einer Flotte von 18 Handelsschiffen zwischen 1.000 und 8.000 tdw beschlossen. Der *Johann Ahrens* wurde in dem VEB Volkswerft Stralsund repariert und ab dem 13. Oktober 1950 als *Vorwärts* durch die am 1. Oktober 1949 gegründete »Deutsche Schifffahrts- und Umschlagsbetriebszentrale« (DSU) bereedert.

Allerdings war die Übernahme des *Vorwärts* nur symbolisch, denn 1954 wurde der Dampfer mit einem irreparablen Kesselschaden stillgelegt und der Leichter, der unter dem Namen *Fortschritt* erst 1953 in Dienst gegangen war, musste mit Leckage am Schiffsboden an den VEB Schiffsbergung zur Metallrückgewinnung übergeben werden. Bis zum Herbst 1954 war die DSR damit eine Reederei ohne Schiff.

Im Herbst 1954 wurden als erste Schiffe die Dampfer *Rostock* und *Wismar* und im Dezember das Motorschiff *Stralsund* in Dienst gestellt, Mitte 1955 folgten mehrere Küstenmotorschiffe mit je 500 tdw, die Güter des Außenhandels der DDR transportierten. Durch den Alleinvertretungsanspruch der Bundesrepublik Deutschland war es am Anfang ungemein schwierig, Partner für die Versorgung und Ausrüstung der Schiffe in ausländischen Häfen zu finden. Eine finnische Reederei machte am 1. Januar 1956 den Anfang mit einem gemeinsamen Liniendienst zwischen Südfinnland und den DDR-Häfen. Danach begann die Seereederei Schritt für Schritt den Aufbau einer weltweit agierenden Reederei.

In den Jahren 1958 bis 1960 kaufte die Reederei erstmals gebrauchte Handelsschiffe aus dem westlichen Ausland. Grundlage dafür bildete der Beschluss des Ministerrats, eine »Valuta- und DM-Fonds Zusatzflotte« zu bilden. Aus diesem Fonds konnten im Februar 1958 die notwendigen Mittel zum Ankauf der beiden Fracht- und Lehrschiffe *Heinrich Heine* und *Theodor Körner* sowie am 18. März 1958 für die *Thomas Münzer* drei Millionen Niederländische Gulden aufgebracht werden. Danach folgte der Frachter *Archon Gabriel*, der kurz zuvor an der Greifswalder Oie gestrandet war. Nach langwierigen Bergungsarbeiten verzichtete der Eigner auf die geforderte Barzahlung von 10.000 US-Dollar und überließ das Wrack der Deutschen Auslands- und Rückversicherungs-AG (DARAG). Etwa vier Millionen Mark an Kosten für die Reparatur in Gdynia konnten in Zloty, also in sozialistischer Verrechnungswährung gezahlt werden. Die anschließende Beschaffung der Devisen für vier Frachtschiffe *Kap Arkona*, *Stubbenkammer*, *Steckenpferd* und *Stoltera* sowie der drei Tankschiffe *Rositz*, *Schwarzheide* und *Lützkendorf* wurde durch die Steckenpferd-Bewegung ermöglicht. Der Hintergrund: Der Seifen- und Parfümhersteller VEB Steckenpferd in Radebeul hatte sich verpflichtet, 100.000 US-Dollar durch zusätzliche Exporte zu erwirtschaften. Daraus entwickelte sich eine breite Initiative zahlreicher Betriebe, die den Ausbau der Handelsflotte durch Übererfüllung ihrer Pläne und Export ihrer Produkte unterstützen konnten.

Bis 1964 arbeiteten bei der DSR 5.670 Mitarbeiter. Die Zahl der Schiffe wuchs auf 111, deren Ladefähigkeit 700.000 tdw betrug. Davon stammten 54 Schiffe aus DDR-Werften. Ab 1965 wurden alle Küstenmotorschiffe aus den Gründerjahren wegen Unrentabilität und gebrauchte Schiffe verkauft. Dennoch vergrößerte sich die Gesamtzahl an Schiffen in den folgenden Jahren weiter.

Von den 195 Schiffen des Jahres 1974 stammten 64 aus

DDR-Werften, 19 waren Neubauten ausländischer, auch erstmals westeuropäischer Werften. Die Schiffe besaßen eine Kapazität von über 1,7 Mio. tdw. Die DSR hatte zu dieser Zeit über 11.000 Mitarbeiter. Der größte Zuwachs wurde im Bereich der Tanker und Massengutfrachter erreicht. Der Flottenausbau erlebte 1977 bis 1979 seinen Höhepunkt: Mehr als 200 Schiffe mit 1,9 Mio. tdw fuhren für die DSR. 1977 waren im Register der Staatsreederei 203 Schiffe gelistet. In dieser Zeit unterhielt der Betrieb 28 Liniendienste, mit denen die DSR unter den europäischen Reedereien über das umfassendste Liniennetz verfügte. Ihre Frachter liefen in diesen Jahren Häfen in mehr als hundert Ländern an.

Danach wurde die Anzahl rückläufig und sank bis 1989 auf 161 Schiffe mit einer Kapazität von 1,7 Mio. tdw.

Neben dem Frachtgeschäft hatte die Deutsche Seereederei auch den Betrieb der Urlauberschiffe des FDGB-Feriendienstes übernommen. Ab 1960 zunächst mit der *Fritz Heckert*, dann mit der *Völkerfreundschaft* und ab 1985 mit der *Arkona*, die zuvor unter dem Namen *Astor* durch die ZDF-Fernsehserie »Traumschiff« bekannt geworden war. Unter dem Motto eines »Kreuzfahrturlaubs für alle« hatten knapp dreihunderttausend Urlauber auf Schiffen ihren Urlaub verbracht.

Ab 1. März 1990 wurde für die Seerederei die »Umwandlung« in eine GmbH vollzogen. Von 13.177 Mitarbeitern am 1. Januar 1990 sank die Beschäftigtenzahl bis zum Jahresende auf 9.493. Am Jahresende 1991 waren es noch 5.328, die Zahl der Schiffe sank auf 100 mit 1,2 Mio. tdw.

Am 3. Juni 1993 wurde die DSR »privatisiert«. Die Treuhandanstalt sorgte für den Verkauf an ein mittelständisches Konsortium. 47 Schiffe und 3.000 Mitarbeiter wurden übernommen.

Den Mitteilungen der »Seerederei« war 2016 nicht zu entnehmen, wie viel Schiffe sie heute noch betreibt.

Dieselmotorenwerk. »›Das tut richtig weh‹, sagt Dietmar Schütt. Mehr als 47 Jahre hat der 62-Jährige für das Dieselmotorenwerk Rostock (DMR) und dessen Nachfolgebetrieb, die DMR Produktionsgesellschaft gearbeitet – bis zu deren Insolvenzantrag im Mai vergangenen Jahres. Jetzt bleibt dem gelernten Schaber nur noch, in den Hallen aufzuräumen. Was an Maschinen und Werkzeug übrig ist, kommt in der nächsten Woche endgültig unter den Hammer.

In dieser Woche können potenzielle Käufer die Stücke begutachten. Gestern beispielsweise waren Kunden aus Spanien da. ›Wir haben rund 1.600 Lot-Nummern im Angebot, die wir teilweise als Pakete geschnürt haben‹, sagt Martin Kolodziejczyk, Projektmanager von Core Business Industries. Die Firma aus Amsterdam hat die DMR-Werkzeuge und -Maschinen gemeinsam mit Hilco Industrial aus London im August vergangenen Jahres erworben. Nach einer ersten Versteigerung im Dezember starten sie nächsten Dienstag einen weiteren viertägigen Online-Auktionsmarathon.

›Wir haben von den größten Maschinen bis zum kleinsten Bohrer und Plättchen alles‹, sagt Kolodziejczyk. Dabei seien zwei Drittel der großen Anlagen bereits verkauft. ›Der globale Markt für gebrauchte Maschinen ist riesig‹, so der Projektmanager. Im Vergleich zu einer Neuanschaffung könnten sie 40 bis 60 Prozent sparen, so Kolodziejczyk: ›Für Werkzeughändler ist das hier ein Paradies.‹ Insbesondere beim DMR sei die Qualität herausragend – das Unternehmen hatte eine top-ausgestattete Reparatur-Werkstatt unterhalten. ›Das ist hier wirklich eines der teuren Projekte mit einer Menge Ausstattung – so moderne Maschinen gibt es nicht oft‹, sagt Kolodziejczyk. Ihm blute selbst das Herz, wenn Firmen wie das Rostocker Unternehmen pleitegingen.

Das bestätigt auch sein Kollege Franz Kircher von Hilco Industrial: ›Man kommt oft in einen Betrieb, der gestern noch produziert hat.‹ Ihm sei es im Sinne der Mitarbeiter am liebsten, wenn die Arbeit zumindest mit einem Teil der Belegschaft fortgeführt werden könne. In Rostock habe Hilco selbst den Plan entworfen, mit 30 bis 50 Beschäftigten weiterzumachen. ›Leider ist das schiefgegangen‹, sagt Kolodziejczyk. Wenigstens würden die guten Maschinen jetzt nicht verschrottet, sondern weiter genutzt.« (SVZ.de, »Ausverkauf im Motorenwerk«, 1.4.2014)

Fischkombinat. Am 7. Februar 1949 wurden in Sassnitz zwölf Kutter in Volkseigentum überführt, die vorher dem genossenschaftlichen Fischwirtschaftsverband gehörten und auf dem Dänholm bei Stralsund lagen. Dazu wurden elf Kutter aus Westdeutschland gekauft. Die Kutter bildeten die Flotte des am 1. Januar 1949 gegründeten VEB Ostseefischerei Mecklenburg mit Sitz in Sassnitz. Am 1. Mai 1949 wurde die VVB Fischwirtschaft Sassnitz gebildet. Schnell wurde klar, dass mit den kleinen und veralteten Kuttern die hochgesteckten Ziele nicht erreicht werden konnten. Am 17. November 1949 kam vom Rostocker Rat der Stadt der Vorschlag, auf dem Gelände der zerstörten und demontierten Heinkel-Flugzeugwerke in Marienehe einen Hafen und den Betrieb für Hochseefischerei zu installieren. 1950 wurde der VEB Hochseefischerei Rostock gegründet. Der erste Fang wurde am 19. Juni 1950 am Bramower Schlachthof »gelöscht«. Im März 1951 ging eine Eisfabrik in Betrieb, die täglich 50 Tonnen Eis lieferte. Der erste äußere Abschnitt des Fischereihafens und die erste Fischhalle gingen am 1. Mai 1951 in Betrieb. Im Sommer 1951 fuhren die Logger erstmals in die Barentssee. Mit der Indienststellung einer Serie von sechs Seitentrawlern mit stärkeren Motoren und größeren Laderäumen konnte ab 1. Juni 1952 vor Island gefischt werden. 1953 wurde eine Fischmehlfabrik in Betrieb genommen. Weitere Betriebsgebäude kamen hinzu: Im Mai 1954 nahmen eine neue Eisfabrik mit einer Kapazität von 200 Tonnen je Tag und eine Salzerei den Betrieb auf, Sozialgebäude, wie ein Kulturhaus und das Betriebsambulatorium, kamen dazu. 1955 konnte die Fangleistung mit weiteren 14 Schiffen erhöht werden. Ab Frühjahr 1958 begann die Fischerei im Nordwestatlantik vor Westgrönland, Fangreisen waren jetzt bis zu einer Dauer von 33 Tagen möglich. Mit der Indienststellung des ersten Fang- und Verarbeitungsschiffes am 31. März 1960 und bis 1966 von zwölf weiteren dieser Schiffe wurde es möglich, den Fisch bereits auf hoher See zu verarbeiten. Ende 1964 begann die Fischerei vor Nordwestafrika, am 1. August 1966 erkundete ein erstes Schiff das Fanggebiet Südwestafrika. Am 3. Juli 1967 begann die Fischerei auf der Georgesbank vor der Ostküste der USA. Nun fuhren für das Fischkombinat 101 Schiffe, der höchste Bestand der je erreicht wurde. Im Herbst 1968 wurden Fangmöglichkeiten vor der argentinischen Küste erkundet. Das höchste Fangergebnis wurde 1971 mit über 220.000 Tonnen erreicht. Im Sommer 1972 passierte erstmals ein Fischereischiff den Panamakanal und fischte im Nordostpazifik. Ab Herbst 1977 wurden Fangplätze im Indischen Ozean vor der jemenitischen Küste aufgesucht, und im Herbst 1978 begann man mit der Garnelenfischerei vor Mosambik.

Nach 1990 ging es bergab mit der Fischfangflotte. Zunächst fanden Beratungen der Fischwirtschaften beider deutscher Staaten in Rostock und Cuxhaven statt. Das Resultat: Die DDR-Fischfangflotte beendete am 30. Juni 1990 ihre Existenz. Zu diesem Zeitpunkt waren 8.309 Arbeitnehmer im Kombinat beschäftigt. Der VEB Fischkombinat Rostock wurde am 1. Juli 1990 »privatisiert« und fünf GmbHs gegründet, die allerdings nie die Leistungen des Kombinats erreichten.

ROTHENBURG

»In alter Zeit, als die DDR-Mark noch hart war, zeigt der Sozialismus hier, was er konnte. Hoch oben auf dem Berg baute die Arbeitermacht ihren Werktätigen einen Urlaubspalast im Geschmack der Zeit: Fachwerk und Beton, ein Kinderspielplatz aus Rohrstahl und ein Aussichtsturm, von dem der Blick fast bis in den Westen ging. Als der Westen dann selbst kam, ließ die Nachfrage nach Urlaub im Harz mächtig nach. Aus dem Ferienparadies der Seilwerke Rothenburg wurde eine Ruine, aus der Gaststätte ein dunkles Loch voller verrottetem Laub. (...) Als Wanderziel ist die Viktorshöhe immer noch unverzichtbar. Wie der nicht mehr bestaunbare Checkpoint Charlie in Berlin zieht gerade das nicht mehr Sichtbare, das Verschwundene die Massen magisch an. Allen Privatisierungswünschen hatte die Treuhand einst widerstanden, bis alles ›zerdonnert, zerschlagen, randaliert‹ war, wie der Friedrichsbrunner Bürgermeister sagt. Heute haben selbst die Betonwände Löcher. Die rohe Kraft des Kapitalismus siegt über die Fürsorge des sozialistischen Systems, die bis in die Freizeit reichte. Der Rest ist Idylle. Der Wind rauscht durch die Ruinen, Sonnenstrahlen glänzen in den Scherben zerschlagener Fensterscheiben. Schimmlige Gardinen wehen im Wind, Graffiti leuchten fröhlich von den Wänden. Mehr mitteldeutsche Abrissexkursionen hier, und noch mehr hier, hier, hier und hier.« (politplatschquatsch.com, 24.8.2012)

RÜDERSDORF

Chemiewerk. Fachleute nannten den VEB Chemiewerk Coswig, Betriebsteil Rüdersdorf, einen »Chemiegiganten«. Nach dem Krieg hatte die UdSSR auch dieses Werk komplett demontiert und nur die Drehrohröfen-Anlage und leere Hallen zurückgelassen.

1950 hatte man unter dem Namen »VEB Glühphosphatwerk Rüdersdorf« einen Neuanfang gewagt und die Drehrohröfen zur Herstellung von Futterphosphat genutzt. Das Düngemittel-Endprodukt, das man unter dem Namen »Rükana« als Devisenbringer vermarktete, besaß die höchste Güteklasse und war auch für den Export in den Westen lukrativ. Jahre später erweiterte man das Werk durch Neubauten zu einem mächtigen Chemiewerk. Um die stetig steigenden Produktionserwartungen zu gewährleisten, nahm man 1972 zwei neue, 100 Meter lange Drehrohröfen in Betrieb.

1990 sorgten zwielichtige Investoren dafür, dass die Schließung des Werks 1999 nicht mehr abwendbar war. Heute verfällt das Gelände. Nutzungspläne wurden ebenso verworfen wie die begonnenen Abbrucharbeiten (der teilweise meterdicke Stahlbeton und die enormen Altlasten ließen so manches Vorhaben an seine Grenzen stoßen). So blieben nur der »Museumspark Rüdersdorf« und die Gebäude, Anlagen und Freiflächen, die für jeden Besucher mit einem Eintrittsbillett zugänglich waren.

SCHARFENSTEIN

1979 gelangte das Kühlschrankwerk Scharfenstein zum DDR-Kombinat Haushaltgeräte Karl-Marx-Stadt. 1985 produzierten rund 5.000 Arbeiter im DKK 911.000 Kältegeräte. Man lieferte nach Frankreich, Holland, Dänemark, Österreich und Westdeutschland. 1990 »übernahm« die Treuhand den VEB DKK Scharfenstein. Massenentlassungen folgten.

Was nach dem Übergang an den »Unrechtsstaat« folgte, wusste der *Spiegel* vom 13. März 2013: »Jeder im Betrieb hatte Angst, sagt Albrecht Meyer, ›das ganze Jahr, von frühmorgens bis abends‹. 5.500 Stellen hatte es zu DDR-Zeiten in der Firma gegeben, drei Jahre nach dem Fall der Mauer waren davon noch 630 geblieben. Der einst größte Kühlschrank-Produzent des Ostblocks, der VEB dkk Scharfenstein, stand 1992 am Abgrund. Meyer sollte helfen, die Jobs zu retten. Auch Wolfgang Lohbeck hatte Angst, aber um die Umwelt. Jahrelang kämpfte er bei Greenpeace gegen einen Ozonkiller mit vier Buchstaben: FCKW, Fluorchlorkohlenwasserstoffe, bei der Industrie als Kältemittel beliebt. Meyer, der nüchterne Ingenieur aus der DDR, und Lohbeck, der idealistische Umweltschützer aus der Bundesrepublik, könnten verschiedener nicht sein. Doch vor 20 Jahren verbanden sich ihre unterschiedlichen Motive auf so wundersame Weise, dass daraus eine Technikrevolution entstand: der erste in Serie produzierte FCKW-freie Kühlschrank der Welt. Am 15. März 1993 lief er bei der Firma Foron, wie dkk Scharfenstein sich nun nannte, vom Band. Meyer hat diese Technik entscheidend mitentwickelt, Lohbeck hat sie geschickt vermarktet – und aus dem sächsischen Scharfenstein im Erzgebirge eroberte sie fortan die Welt: Seit 1993 sind weltweit etwa 650 Millionen FCKW-freie Kühlschränke gebaut worden. Was für ein Wunder! Ausgerechnet ein ehemaliges VEB-Werk der nicht gerade für eine besonnene Umweltpolitik bekannten DDR verhalf der Menschheit zu einem ökologischen Durchbruch.

Alles begann 1988 mit dem Montreal-Protokoll, einem Abkommen zum Schutz der Ozonschicht. Die Bundesrepublik und die DDR gehörten zu den 196 Unterzeichnern. Die Länder verpflichteten sich, mittelfristig komplett auf die Emission von FCKW zu verzichten. (…) In dieser Situation setzten alle Kühlschrankhersteller der BRD auf das zugelassene, aber unökologische FKW-Kältemittel 134a. Auch dkk Scharfenstein wollte das neue Kältemittel, doch der Westen belieferte sie nicht. ›Auf abenteuerlichen Wegen‹, erinnert sich Kältetechnik-Ingenieur Albrecht Meyer, ›haben wir uns über Kiew und Prag 1,9 Kilogramm 134a besorgt.‹ Für Testzwecke. Die Lieferung kam am 7. Oktober 1989 an. Dann fiel die Mauer, und alles änderte sich.

Denn die deutsche Revolution sollte auch Wolfgang Lohbeck von Greenpeace in die Karten spielen. Lohbeck leitete damals eine denkbar schwierige Kampagne: ›Es gibt kaum etwas Langweiligeres als Kühlschränke‹, erzählt er, ›die sind eckig, weiß und kalt. Aber ich sollte daraus ein hochemotionales Produkt machen.‹ Denn Greenpeace wollte den ersten FCKW- und FKW-freien Kühlschrank der Welt produzieren lassen. Aber wie sollte Lohbeck die Menschen aufrütteln?

Er verhandelte mit den sieben großen westdeutschen Firmen, die Greenpeace spöttisch ›Die chlorreichen Sieben‹ nannte. Doch ob AEG, Liebherr oder Bosch-Siemens: Sie alle wollten auf 134a umsatteln und behaupteten, das Mittel sei weder schädlich, noch gäbe es Alternativen. (…) Verzweifelt erfuhr Lohbeck 1992 schließlich von Menschen, die weit verzweifelter waren als er: Der Umsatz bei der dkk Scharfenstein, die zu DDR-Zeiten ihre günstigen Kühlschränke noch millionenfach über ›Quelle‹ in den Westen verkauft hatte, war nach der Wende dramatisch eingebrochen. Die Bilanz war tiefrot, die Abwicklung über die Treuhand drohte. Lohbeck fragte die Ostdeutschen, ob sie nach dem Dortmunder Vorbild ein FCKW-freies Gerät bauen könnten. Sein bestes Argument war aber ein recht unökologisches: Greenpeace wollte dafür 26.000 Mark bereitstellen.

›Für diesen Preis hätten wir Greenpeace alles reingeschüttet, was sie wollten‹, erzählt Eberhard Günther, damals dkk-Geschäftsführer. Es war keine Liebesgeschichte zwischen dem sächsischen Betrieb und Greenpeace. Viele hatten noch nie etwas von den Umweltschützern gehört.

Kältespezialist Meyer, der die Testreihen mit den Kohlenwasserstoffen leitete, hatte die Aktivisten früher sogar für eine ›etwas radikale Truppe‹ gehalten. Anfang Juli 1992 einigte man sich dennoch.

Die Zusammenarbeit war mehr als eine Notlösung: Anders als alle westdeutschen Firmen stellte die dkk ihre Kompressoren noch selbst her, so dass neue Kühlmittel schnell im Haus getestet werden konnten. Zudem setzte der Betrieb für die Isolierung aus Kostengründen auf Polystrol (›Styropor‹) – während die westdeutschen Hersteller einen Schaumstoff verwendeten, der besser dämmte, aber ebenfalls FCKW enthielt. Und weil die Ostdeutschen anfangs nicht ans Kältemittel 134a gekommen waren, hatten sie bereits zuvor mit reinen Kohlenwasserstoffen experimentiert.

›Unser technischer Rückschritt wandelte sich für uns auf einmal zum Vorteil‹, erzählt Meyer. Erste Tests mit den Kohlenwasserstoffen Propan und Isobutan liefen besser als erwartet, bald sei überall ›Aufbruchsstimmung und Euphorie‹ zu spüren gewesen. Bis die Treuhand Mitte Juli 1992 ankündigte, den defizitären Betrieb zu schließen.

Jetzt zahlte sich die Kooperation mit Greenpeace aus: Medienwirksam priesen die Umweltschützer auf einer 100.000 Mark teuren Werbetour quer durch Deutschland die Prototypen des neuen Öko-Kühlschranks ›Greenfreeze‹ an. Wie könne man, fragten sie bei jeder Gelegenheit empört, einen so fortschrittlichen Betrieb einfach schließen? 65.000 Vorbestellungen gingen ein. Schließlich gab die Treuhand ihre Pläne zur Schließung auf. Hunderte Arbeitsplätze waren gerettet.

Die westdeutschen Kühlschrankhersteller waren über den Coup wenig erfreut. ›Mit einem respektablen Instrumentarium an Tricks haben sie versucht, unseren Erfolg zu verhindern‹, erinnert sich Ex-Geschäftsführer Günther. Eine Studie von AEG prognostizierte dem Öko-Kühlschrank, 30 Prozent mehr Strom als handelsübliche Geräte zu verbrauchen. ›Wir waren uns sicher, dass diese Ergebnisse nicht stimmen konnten und die Studie wohl gelinkt war‹, sagt Günther. ›Wir hatten ein unabhängiges Institut beauftragt, das zu ganz anderen Ergebnissen kam.‹

Wenn schon keine Stromfresser, dann eben lebensgefährlich: Explosionsgefahr! Die westdeutsche Kühlschrank-Lobby ließ verbreiten, dass Geräte, die nicht mit 134a, sondern mit reinen, also brennbaren Kohlenwasserstoffen gekühlt werden, leicht in Brand geraten könnten. Ein Gutachten prognostizierte bereits Todesfälle. Greenpeace konterte: Es werde nur etwa so viel Gas wie aus drei Feuerzeugen verwendet. Zudem waren die Geräte TÜV-geprüft und alle möglichen Zündquellen ausgebaut worden.

Die Angstkampagne verpuffte, die Brände blieben aus – und auch in einem anderen Punkt hatten die Umweltschützer langfristig recht: 134a ist umweltschädlich und seit 2011 europaweit in Autoklimaanlagen verboten.

Und doch sollte der damalige Erfolg eine Art Sommermärchen bleiben. Das Ost-Unternehmen hatte die komplette westdeutsche Konkurrenz an die Wand gespielt und mit Hilfe von Greenpeace die Schlagzeilen beherrscht: Die *taz* bejubelte den Öko-Kühlschrank als ›Zauberkiste‹, Lohbeck sprach von einer ›Revolution‹. Eine Zeitlang kamen Experten aus aller Welt ins sächsische Erzgebirge. Schließlich sahen die westdeutschen Produzenten ein, dass sie an der so lange verteufelten Entwicklung nicht mehr vorbeikamen. Bosch-Siemens attestierte Foron plötzlich ›einen sensationellen Erfolg‹. Das Lob wurde zum Todesurteil. (...) Die Westfirmen nahmen nun viel Geld in die Hand und produzierten Monate später ebenfalls serienmäßig FCKW-freie Kühlschränke.

Foron wurde nun auch eine Klausel aus der Vereinbarung mit Greenpeace zum Verhängnis. Die Organisation hatte darauf bestanden, dass Foron seine Technik nicht patentieren lassen dürfe: Die Umweltschützer wollten mit der Technologie das Wohl der Welt fördern, nicht das einer Firma. ›Mich darauf einzulassen, war mein größter Fehler‹, sagt Günther heute. 1996 ging Foron pleite, wurde von einer holländischen Unternehmensgruppe übernommen, ging wieder pleite. 2002 erwarb eine türkische Firma die letzten im Erzgebirge gelagerten Kühlgeräte für einen Spottpreis. Die Werkhallen, in denen vor 20 Jahren eine Technik entwickelt wurde, die ein wenig die Welt verbesserte, sind heute verlassen.« (*Spiegel Online Einestages*, 13.3.2013)

SCHKOPAU

Als VEB entwickelte sich Buna 1958 zum größten Carbid-Produzenten der Welt. Durch die technisch veralteten Produktionsanlagen kam es zu Umweltverschmutzung.

Mit 18.000 Beschäftigten war das Buna-Werk eines der fünf größten Industriekombinate der DDR. Um den Wohnraumbedarf zu decken, wurden in Halle, Merseburg und Umgebung Plattenbau-Siedlungen wie Halle-Neustadt und Halle-Silberhöhe errichtet. Sie wurden mit eigenen S-Bahn-Linien an die Werke angeschlossen. Nach 1989 wurde das Werk 1995 vom amerikanischen Konzern Dow Chemical betrieben, der aber nur eine geringe Zahl an Beschäftigten übernahm. Ein Großteil der veralteten Produktionsanlagen wurde abgerissen und der Boden saniert.

SCHMALKALDEN

Die Kammgarnspinnerei war 1834 in Niederschmalkalden gegründet worden. Später arbeiteten hier bis zu 1.000

Beschäftigte vor allem nach der Umstellung auf Chemiefasern. Nachdem die Kammgarnspinnerei 1992 zunächst geschlossen worden war, erwarb 1994 die Wagenfelder Spinnereien GmbH (Niedersachsen) das Unternehmen. Spätestens ab 2003 versuchten Landrat und Bürgermeister die Schließung des Niederschmalkaldener Werkes zu verhindern. Die Bemühungen scheiterten. 2004 wurde die Produktion nach Tschechien verlagert, Nachfolger fanden sich nicht. Als letztes wesentliches Gebäude wurde der Hochbau am 1. August 2009 gesprengt.

SCHÖNEBECK

Das Traktorenwerk Schönebeck war ab Mitte der 1960er Jahre der einzige Traktorenhersteller in der DDR. Das Unternehmen hatte Ende der 1980er Jahre einen Umsatz von etwa 1,2 Milliarden DDR-Mark und 7.300 Beschäftigte, davon 4.600 im Traktorenwerk, 2.300 im Dieselmotorenwerk. 1990 kam das Werk als Landtechnik AG Schönebeck unter Treuhandverwaltung. 1995 erfolgte die »Privatisierung« durch die LINTRA Beteiligungsgesellschaft GmbH, die 1996 scheiterte. 1999 wurde die Landtechnik aufgelöst. Den größten Teil der Vermögenswerte erwarb die Firma Doppstadt GmbH. Die Löschung im Handelsregister erfolgte 2002. Insgesamt waren von den Traktoren (offiziell: Geräteträger) über 120.000 Stück produziert worden.

»Hier hab ich einen Bericht zum Untergang des Traktorenbaus in Schönebeck gefunden. Es ist schon interessant, was die Treuhand und die BvS so alles verhindert und kaputt gemacht haben. (…) Auch in Sachsen-Anhalt hatte ein DDR-Traktorwerk, das zum Kombinat ›Fortschritt‹ gehörte, überlebt. 1993 übernahm die Landtechnik Schönebeck (LTS) die Produktion der bayrischen Schlütertraktoren, zwei Jahre später gab die Treuhand-Firma diesen Traktorbau jedoch wieder ab – an die bayrische Egelseer GmbH. (...) Ende 1998 rückten 300 wütende (Schönebecker) LTS-Mitarbeiter mit ihren Produkten bei der Treuhand-Nachfolgerin BvS am Alexanderplatz an. Den Haupteingang hatte eine Voraus-Brigade kurz zuvor bereits mit einem Transparent verhängt: ›Traktorenwerker aus Schönebeck kämpfen um ihre Arbeitsplätze‹. (...) 1997 hatten die Traktorenwerker schon einmal mit einer ›Mahnwache‹ vor der BvS protestiert. Damals wollte das westdeutsche Unternehmen Liebherr ihren Betrieb übernehmen, aber die BvS ließ den Interessenten abblitzen. (...) Ähnliches befürchteten die Schönebecker jetzt: ›Die BvS tut nur so, als würde sie ernsthaft verhandeln, in Wirklichkeit will sie uns abwickeln.‹ Ihr IG-Metall-Bevollmächtigter Detlev Kiel nannte die Behörde einen ›Sauhaufen‹. Diesmal wollte ein ›harter Kern‹ der Schönebecker so lange ausharren, bis sie ein ›konkretes Ergebnis‹ mit nach Hause nehmen könnten. Für die darauffolgenden Wochen oder gar Monate hatte die IG Metall ihnen Nachtquartiere besorgt, außerdem ein geräumiges Wohnmobil als Infozentrum sowie Campingmöbel, Handys und jede Menge Regenschirme. Ihre Feuertonne brannte bald die ganze Nacht. Sie wurde von verfrorenen Journalisten umlagert. (...) Den Traktorbauern drohte bereits die Gesamtvollstreckung, nachdem das Landgericht Berlin ihre Klage gegen die BvS abgewiesen hatte. Es ging dabei um einen Kredit der Deutschen Bank in Höhe von 4,3 Millionen DM, für den die BvS 1992, als alleinige Gesellschafterin der Landtechnik Schönebeck, gebürgt hatte. In der Zwischenzeit war der Betrieb über eine Management KG, die Lintra GmbH, privatisiert worden. Deren Hauptgesellschafter, unter anderem der ehemalige McKinsey-Unternehmensberater Emans, zogen sich jedoch schon bald aus dem ›Ost-Geschäft‹ zurück. (...) Die Traktorbauer sowie auch die IG Metall waren sich sicher, dass die BvS ihren Betrieb schon seit langem abwickeln wollte und nur vorgab, an seiner Zweitprivatisierung zu arbeiten. (...) Es ging dann so weiter, dass statt des Erntemaschinenherstellers Claas die Doppstadt GmbH, eine Firma für Kiesabbaumaschinen und Recyclingtechnik aus Kelve, die LTS übernahm – mit ungefähr der Hälfte der Belegschaft. (»Das Ende des Traktorenbaus in Schönebeck«. Auf: Landtreff.de, von doftbauer, 20.12.2008.)

SCHWARZA

»Es schien gut auszusehen für die Thüringische Faser AG Schwarza, als das frühere Chemiefaserkombinat an einen Inder vergeben wurde. Doch weil die Treuhand sich blenden ließ, wurde aus dem Superdeal einer der skandalösesten Kriminalfälle in der kurzen Treuhand-Geschichte. Die Meldung verbreitet sich wie ein Lauffeuer durch ganz Deutschland. In Berlin werden am 23. Juni 1993 drei Manager der indischen Dalmia-Gruppe festgenommen. Der Vorwurf: Untreue und Betrug. Die Brüder Sanjay und Anurak Dalmia sollen bei der Übernahme der Thüringischen Faser AG in Schwarza zum Nachteil der Treuhand 9 Millionen Mark abgezogen und illegal in ihre indischen und malaysischen Firmen gesteckt haben.

Zwar kommen die beiden Unternehmen und ein weiterer indischer Angestellter nach rund 24 Stunden wieder frei. (...) Die Rede ist von dubiosen Geschäften, windigen Abwicklern und in die eigene Tasche wirtschaftenden Beratern aus dem Westen. Betriebe würden zerschlagen und die Filetstücke in einer Art Gefälligkeits- und Scheckbuchpolitik verramscht. Konkrete juristische Schritte aber sind selten.

Am Ende gehört die Thüringische Faser AG zu den großen Betrugs- und Kriminalfällen der Treuhand, die das kleine Schwarza in den Fokus internationaler Ermittlungen rücken.

Bis 1989 ist das Chemiefaserkombinat ›Wilhelm Pieck‹ in Schwarza ein volkseigener Betrieb mit 6.000 Beschäftigten. Am 23. Mai 1990 stimmt die Belegschaft des Stammbetriebes der Umwandlung in die Thüringische Faser AG zu. So soll die Leistungs- und Handlungsfähigkeit des Unternehmens in der Marktwirtschaft gesichert werden. Für die Zukunft forderte die Belegschaft die vertrauensvolle Zusammenarbeit und Einbeziehung durch die Firmenleitung. Anfang April 1991 hat die Thüringische Faser 3.990 Mitarbeiter. Die Zahl reduziert sich bis zur Privatisierung im Oktober 1991 auf nur noch rund 1.200 Arbeitnehmer.

Deren Zukunftsperspektive scheint, trotz negativer Sanierungs-Prognosen, durchaus gut zu sein. ›Wenn Inder in Thüringen zum Glücksfall werden‹, titelt eine große deutsche Zeitung, als der Dalmia-Konzern das Werk im Spätherbst 1991 übernimmt. Der Kaufpreis beträgt 1 DM. Mit der Übernahme-Botschaft übermittelte Sanjay Dalmia, Chef des gleichnamigen Konzerns mit Sitz in Neu-Delhi, ›die Grüße des ganzen indischen Volkes‹.

Nicht kleckern, sondern klotzen, heißt die Devise. Vollmundig verspricht Dalmia den Erhalt der 1.200 Arbeitsplätze und für die nächsten drei Jahre Investitionen in Höhe von insgesamt 150 Millionen Mark.

Grund für Zweifel sieht offenbar niemand: Dalmia wird als Sanierungsexperte präsentiert, dessen Firmen-Konsortium bereits in Ungarn und in der Türkei marode Textilbetriebe aufgekauft und erfolgreich auf Vordermann gebracht habe. Der so gepriesene Käufer weiß sich zu revanchieren: Immerhin sei Deutschland ein freundliches Land und das Herz Europas, dem man unbedingt näherkommen wolle, schmeicheln die Inder beim Sekt zurück. (…) 1993 ist von den blumigen Versprechungen der Inder nicht mehr viel da. Von den angeblich 150 Millionen DM Investitionen sind gerademal 500.000 DM in das Werk geflossen.

Im Juli 1993 eröffnet das Kreisgericht Gera das Konkursverfahren gegen die Faser AG. Den Antrag dazu stellen Gläubiger des Unternehmens, darunter ein Erdgasversorger aus Leipzig, dessen Rechnungen in Höhe von 3 Millionen DM nicht bezahlt wurden. Insgesamt belaufen sich die Verbindlichkeiten des Unternehmens auf über 12 Millionen D-Mark. Die Gesamtbilanz nach zwei Jahren indischer Firmenleitung ist verheerend. Der Verlust des Vorjahres 1992 beläuft sich auf 30 Millionen. Der für 1993 geplante Umsatz in Höhe von 140 Millionen DM ist nicht annähernd zu erreichen.

Zudem haben die neuen Hausherren offenbar von Thüringen aus Geschäfte und Einkäufe für ihre asiatischen Firmen veranlasst, durch die dem Thüringer Betrieb zusätzliche Millionen-Verluste entstanden. Nach Angaben des eingesetzten Sequesters Winfried Andres stehen 2.000 Arbeitsplätze – 1.200 bei der Faser AG und weitere 800 in ausgegründeten Betrieben des früheren Chemiefaserkombinates – vor dem Aus. (…) Vermutet wird, dass die nach Fernost transferierten 9 Millionen DM aus dem Firmenvermögen malaysische Finanzierungslöcher stopfen sollten.

In einer Pressemeldung der Treuhand vom 21. Oktober 1993 heißt es: ›Inzwischen hat die Überprüfung der Stabsstelle Recht der Treuhandanstalt ergeben, dass gegen die Gebrüder Dalmia der dringende Verdacht des Betruges zum Nachteil der Treuhandanstalt besteht.‹ (…) Bei der zuständigen Gewerkschaft IG Chemie spricht man von einer ›Strafrechtlich relevanten Weise‹, in der sich die Dalmia-Gruppe den Betrieb erschlichen und schließlich ausgeplündert habe.

Juristisch belangt werden können die Dalmia-Brüder nicht. Die Einschätzung bedenklicher Treuhand-Aktivitäten teilt aber auch der 1994 eingesetzte Treuhand-Untersuchungsausschuss des Bundestages (TUA). Im März 1994 werden dort ein knappes Dutzend Insider, Treuhand-, Unternehmens- und Gewerkschaftsvertreter zum Fall der Thüringischen Faser AG vernommen.

Die im Bundestagsarchiv verwahrten Befragungsprotokolle zeichnen ein ebenso trauriges wie denkwürdiges Bild über die Arbeitsweise der Treuhand. Die Anhörung untermauert, dass es weder eine formale Überprüfung der Bonität der Dalmia-Gruppe noch ihrer Zwischengesellschaften gab. Auch eine Bankbürgschaft wurde von den Dalmias nicht eingefordert.

Stattdessen habe sich die Treuhand auf good-will-Erklärungen deutscher Geschäftspartner von Dalmia verlassen. Die Verantwortlichen hätten auch nicht reagiert, als der Erwerber seine vertraglichen Verpflichtungen nicht erfüllte und nach der Übernahme der Faser AG 9 Millionen DM entzog und nach Kuala Lumpur überwies.

Einer der von den Abgeordneten einbestellten Geschäftspartner der Inder ist der Duisburger Manager Rolf Melcher. Er hatte die Dalmia über die Investmentbank Translink an die Treuhand vermittelt. Angesprochen auf die Bonitätsprüfungen für die versprochenen 150 Millionen-Investitionen, sagt Melcher vor dem TUA: ›Ich bin lediglich gebeten worden, Auskünfte in Form von Geschäftsberichten und Bilanzen beizubringen, was ich auch getan habe. Welche anderen Aufgaben jetzt die Treuhand noch hatte, um die Bonität der Dalmia-Gruppe zu verifizieren, entzieht sich meiner Kenntnis.‹ (...) Die Treuhand gab ein Unternehmen und Millionen aus Volkseigentum und Steuergeldern quasi auf Zuruf weiter und entschied so über das Schicksal Hunderter Thüringer.

Ob und wie viel Vermittler Melcher und andere für den

Deal kassierten, konnte der TUA nicht erhellen. Bei der beteiligten Translink sei eine Provision von 250.000 DM im Gespräch gewesen, gibt Rolf Melcher an, genau wisse er das aber nicht.

Für die Belegschaft kommen diese Informationen eh zu spät. Vergeblich demonstrieren und protestieren die Faser-Mitarbeiter in den nächsten Monaten für den Erhalt ihres Betriebes. Die Gesamtvollstreckung lässt sich nicht verhindern.« (*Thüringer Allgemeine*, 19.7.2012)

SCHWARZENBERG

Das Werk erhielt 1952 den Namen »VEB Waschgerätewerk«. Von 1949 bis 1955 waren 4.612 Waschmaschinen vom Vorkriegsmodell »Turna« hergestellt worden, also ein Jahresdurchschnitt von rund 660 Geräten. Danach entwickelte sich der Betrieb zu einem leistungsstarken Werk und produzierte ein umfangreiches Sortiment an Waschgeräten in hohen Stückzahlen. Die Ausstattung mit Waschmaschinen pro 100 Haushalte betrug 1990 in der DDR 95 Prozent. 1955 war die erste Eigenentwicklung, eine Wellenradwaschmaschine, in die Serie überführt. Diese »Combi« bot die Möglichkeit zum Wäscheschleudern durch eine im Waschbehälter einsetzbare Schleuder. Anstelle des Wellenrades wurde dazu ein Windflügel aufgesteckt, in dessen Luftstrom die Wäsche vorgetrocknet wurde. Diese Waschmaschine war ein großer Fortschritt, denn sie war etagengerecht ausgeführt und konnte an das Haushaltsstromnetz mittels Schutzkontaktsteckdose angeschlossen werden. 1958 wurde mit der Produktion von Trommelwaschmaschinen begonnen. Die 1958 begonnene Entwicklung eines Waschvollautomaten konnte ab 1961 in Serie produziert werden. 1974 wurde eine Standardwaschmaschinenbaureihe in Serie überführt. Alles in allem produzierte das Werk über 14 Millionen Waschgeräte. Nach 1990 geriet der Betrieb in Schwierigkeiten und auch die Bevölkerungszahl Schwarzenbergs ging zurück. Es erfolgten Ausgründungen verschiedener Betriebsteile, wobei der für die Waschgeräteproduktion ausgegründete Betriebsteil im Jahre 2000 in Konkurs ging. Damit wurde die über 100 Jahre währende Waschgeräteproduktion in Schwarzenberg eingestellt.

SCHWEDT

Der Spiegel am 18. November 1996 unter dem Titel »Schwedter zu Pflugscharen«: »Ein Glück für Schwedt, dass stillgelegte Betriebe hinreißend zuwachsen und Gras und Kraut alles, was sozialistische Aufbaupatrioten aus dem Boden gestampft haben, der Uckermark zurückerobern. Die Natur schlägt um sich und bewilligt sich Zufluchtsorte für bedrohte Tierarten und seltene Pflänzchen. Schwedter zu Pflugscharen.

Von einer sicheren Parkbank aus besah ich mir die Geister in ihren nachrevolutionären Erwartungskostümen. Alle Sinne starr auf etwas Fernes gerichtet, was sie, wenn es doch endlich wieder andersherum kommen würde, wieder frohgemut Rettungsschwimmer, Platzwart oder sonst wie Wachpersonal sein ließe.

Viele Doppelkinnträger mit Cordschieber oder Thälmannleder auf den Köpfen sah ich. Jeder in eine enganliegende, exakt mit der Unterbauchfalte abschließende Bundjacke gesteckt. An ihren Handgelenken baumelte das gute alte Leder, das Stasi-Täschelchen, als solle Honecker mal eben die Promenade kreuzen. Hin und wieder hastete eine korpulente Mutti an der Seite ihres Schnürstiefels in Bomberjacke.

Bei meinen Rundgängen im Realexistenten traf ich

auf ahnungslos alberne Schüler, so dass ich nicht mehr einfach behaupten kann, alle Schwedter seien durchweg schlecht aufgelegt. Ich erinnere mich einiger Bürger, die nicht bloß zu ihresgleichen, sondern zu mir, dem Besucher, um Freundlichkeit bemüht schienen. Die reiferen Kindergruppen einte sehnsüchtiger Gesichtsausdruck, Vorfreude und ernsthafter Wille zur baldigen Stadtflucht, ehe man mit krausen Stirnen wiederholt das bittere Schicksal, im Osten des Landes zu wohnen, beklagt. (...) Die Bevölkerung hat, ohne zu mucksen, angenommen, was ihr vorgesetzt wurde, so enttäuscht ist man dort vom Kapitalismus. Man hat Urlaub auf Mallorca gemacht, den Wagen im Stall und würde so gern die alten Zustände wiederhaben. Sie warten alle. (...) Das von mir heimgesuchte Hotel war zweifellos eine Bauarbeiterunterkunft und hatte glorreiche Jahre hinter sich. (...) Man bot mir eine Bude ohne Falsch, bestückt mit einem Sprelacarttisch und zwei knarzenden VEB-Betten. Hinter einem geheimen Wandschrank hatten sich ein Waschbecken, ein Spiegel und eine Neonleuchte aus der Vorzeit verkrochen. (...) Meine Absteige roch bis in die Träume hinein nach Wofasept, dem unerreichten Giganten aller östlichen Reinigungsmittel. Zum Frühstück allerdings waren alsbald die Eier aus. Das unerquicklich überforderte Serviermädchen stöhnte, mit so viel Essern konnte niemand rechnen. Weil nicht einer der Montageleute losmaulte, war ich in dem Hotel fast schon wieder wie in der DDR zu Hause.« (*Der Spiegel* 47/1996)

»Mit dem Abbruch ganzer Plattenbau-Viertel will Schwedt an der Oder seine Zukunft sichern. Doch die Strategie des kontrollierten Schrumpfens, die als Vorbild für viele deutsche Städte gilt, kuriert nur Symptome. Die Probleme bleiben.

›Hier stand mein Elternhaus‹, sagt Ramona Grünke.

›Ich habe es eigenhändig abgerissen.‹ Die kleine, eher schmächtige Frau steht vor einem Glaskasten, der oben offen ist. Zentimeterkleine, weiße Häuser stehen darin, auch Straßen sind originalgetreu modelliert: Schwedt im Maßstab 1:1000. Am Stadtrand franst das Papier aus, unzählige Löcher markieren die Entwicklung. ›Ich muss das Modell ständig aktualisieren‹, erklärt die 41-jährige Frau. Die Häuschen rauszurupfen, sei jedes Mal ein ›komisches Gefühl‹. Bereits viermal hat Grünke den Abriss am eigenen Leib erfahren: Zwei ihrer ehemaligen Wohnungen, ihr Elternhaus und ihre Grundschule stehen nicht mehr, die Eltern mussten deswegen umziehen. (...) Seit 1997 wird die 36.000-Einwohner-Stadt Schwedt systematisch geschrumpft – ein bundesweit einmaliger Vorgang. Weil die Menschen die Industriestadt im äußersten Norden Brandenburgs verlassen und die Bevölkerungszahl seit der Wende um ein Drittel zurückgegangen ist, musste die Stadtführung reagieren. Sie beschloss, ganze Viertel einzustampfen, um die Stadt vor der Verwahrlosung zu bewahren. Knapp 5.000 Wohnungen sind bereits verschwunden, mehrere tausend Menschen wurden umgesiedelt. Auf der Straße trifft man fast nur Menschen, die in den letzten Jahren ihre Wohnung wechselten. (...) Thiel ist 45 Jahre alt, Saternus fünf Jahre älter. Beide sind seit Jahren arbeitslos, die Hoffnung auf einen neuen Job ist gering. ›Während der DDR war es hier brechend voll, in D-Mark-Zeiten war hier einiges los und seitdem es den Euro gibt, ist keiner mehr da‹, sagt Thiel, ›die Leute haben kein Geld mehr.‹ (...) Der Bürgermeister ... kennt ... den Frust der Bürger. Daher spricht er von ›wachsen, schrumpfen, erhalten‹, wenn er von der Zukunft seiner Stadt redet. (...) Die Infrastruktur ist auf eine größere Stadt ausgelegt, kürzlich wurde bereits das Kino geschlossen.« (*Spiegel Online Politik*, 10.9.2006)

SONNEBERG

1945 war im thüringischen Sonneberg die Firma Elektro-Apparatefabrik Köppelsdorf (EAK) unter russischer Leitung gegründet worden. 1946 begann die Serienproduktion des ersten Radios, Modell 47/3. 1950 wurde das Modell 46/50 zum ersten Erfolg der Firma. Es wurde in einem Bakelitgehäuse oder in Holzausführung geliefert. 1952 wurde der Betrieb in VEB Stern-Radio Sonneberg umbenannt, nachdem Köppelsdorf in Sonneberg eingemeindet worden war. 1959 war das erste in der DDR produzierte Transistor-Taschenradio »Sternchen« entwickelt und produziert. Von 1965 an wurden nur noch volltransistorisierte Geräte gefertigt. 1968 verließ der erste Stereo-Empfänger das Werk. Von 1982 an war Stern-Radio Sonneberg der größte Hersteller von Radiogeräten in der DDR. Exportiert wurden die Geräte in die BRD und in den Ostblock. Nach 1990 wurde das Werk sofort abgewickelt und ging in Liquidation.

Glas- und Keramikwerke. Im Jahr 1865 gründete Georg Dorst in Sonneberg eine Dorfschmiede mit einer Belegschaft von 3 bis 6 Personen. 1891 stieg die Zahl auf 50 bis 60 Arbeitskräfte. 1952 wurde der Betrieb dem VEB Thuringia Feinkeramikmaschinenwerk angegliedert. 1967 erfolgte der Zusammenschluss der Maschinenfabrik und der Eisengießerei Steinach mit dem Betrieb in Sonneberg. Die Zahl der Arbeitskräfte war auf rund 680 gestiegen. 1973 wurde das Kombinat für Glas- und Keramikmaschinenbau gebildet, in dem 3.260 Personen beschäftigt waren. Im Jahr 1990 wurde die Auflösung des Kombinats angeordnet und die Umwandlung in Kapitalgesellschaften. 1994 wurde das Werk geschlossen.

SÖRNEWITZ

Elektrowärme Sörnewitz. In den frühen zwanziger Jahren des vorigen Jahrhunderts hatte Siemens den Betrieb installiert und ihn seit Beginn des Zweiten Weltkriegs in den Dienst der Rüstung gestellt. Nach der Demontage durch die sowjetischen Streitkräfte begann man Hausgeräte zu produzieren. Schon Anfang 1946 wurden elektrische Haushaltsgeräte wie Wasserkocher, Kochplatten, Bügeleisen, Elektroherde und Großküchengeräte hergestellt. 1947 waren schon wieder 10.480 Kleinküchen, 18.600 Kochplatten und 7.900 Bügeleisen an den Handel ausgeliefert worden. Später wurden magnetische Spannungsgleichhalter, Gleichrichter für Mittelwellensender, Ladegleichrichter unterschiedlicher Zweckbestimmung, Schnellladegeräte, unterbrechungsfreie Wechselstromversorgungsanlagen und Thyristorwechselrichter produziert.

Das Werk arbeitete schon bald mit Forschungseinrichtungen zusammen. So konnte in Zusammenarbeit mit der Luther-Universität Halle-Wittenberg, der Bergakademie Freiberg und dem Institut »Manfred von Ardenne« ein hochreines Kupfer auf der Basis des inländischen Mansfelder Kupfers für die Fertigung von Kupferoxidul-Gleichrichtern entwickelt werden. In späteren Jahren wurde im Rahmen von Spezialisierungsvorhaben die Bügeleisenfertigung zur Hauptproduktion. Der Betrieb verfügte zu dieser Zeit über 1.350 Beschäftigte, die 2.000.000 Bügeleisen jährlich fertigten.

Nach 1990 wurde der Betrieb privatisiert, und es begann eine wechselvolle Geschichte. Im Oktober 1998 wurde der Betrieb zur AEG SVS PSS Sörnewitz GmbH umgewandelt, dann von der SAFT S.A. gekauft und gehörte danach zum ALCATEL-Konzern. Eines Tages wurden die Großbetriebe zum Teil abgewickelt und die Betriebsflächen in Gewerbegebiete umgewandelt.

STRALSUND

Neben dem Tourismus war die Volkswerft seit der Nachkriegszeit ein wichtiger Arbeitgeber, der 7.000 Beschäftigte aufzuweisen hatte. Jetzt sollen es noch 192 sein. Nach 1990 waren die »Überlebenden« die Besitzerwechsel schon gewohnt. 2009 kam es schließlich zur Insolvenz bei Wadan – dem immerhin drittgrößten deutschen Werftenverbund. Im August 2009 atmeten die Beschäftigten vorsichtig auf: Der Gläubigerausschuss stimmte einem Verkauf des Unternehmens zu. Der russische Investor Witali Jussufow führte den Betrieb der Werften unter dem Namen Nordic Yards weiter. 2016 übernahm die asiatische Genting-Gruppe schließlich den Werftenverbund und setzt auf den wachsenden Kreuzfahrtschiffmarkt in Fernost. Die Zahl der Einwohner der Stadt sank von 72.780 (1990) auf 58.241 (2014).

STREGDA

1953 waren die Ziegeleien in Eisenach, Gerstungen und Stregda verstaatlicht und firmierten fortan unter dem Namen VEB (K) Thüringer Dachziegelwerke. Nach 1990 wurden alle drei stillgelegt. Das Werk in der Mühlhäuser Straße wurde bald darauf komplett abgerissen und dort ein Einkaufszentrum errichtet. Das Ziegeleigelände in Stregda ist als Ruine erhalten.

SUHL

Simson Werk. 1854 hatten die Brüder Löb und Moses die Fabrik Simson erworben. 1871 wurde dort die erste Dampfmaschine in Betrieb genommen, 1896 das erste Fahrrad ausgeliefert. 1907 stieg das Unternehmen in die Automobilproduktion ein. Die jüdische Familie Simson musste vor den Faschisten ins Ausland fliehen. Die Nachfolger lieferten den Nazis Waffen. 1946 wurde der Betrieb demzufolge als Rüstungsbetrieb eingestuft und demontiert. Die Reste wurden später von der Sowjetunion an die DDR übergeben und fortan als »VEB Fahrzeug- und Gerätewerk Simson Suhl« geführt. Nach und nach wurden wieder Zweiräder, Jagdgewehre, Kinderwagen und Fahrräder produziert. Vom Motorrad AWO 425 wurden mehr als 300.000 hergestellt. Anfang der sechziger Jahre wurde die Motorradfertigung nach Zschopau verlegt. In Suhl wurde der Kleinroller »Schwalbe« mit einem 3,4 PS-Motor entwickelt und der verhalf der Firma zu Weltruhm. Nach 1990 eroberte sich der Roller auch eine Fangemeinde im Westen, doch geriet die Produktion bald in Schwierigkeiten. Im Herbst 2002 kam die Fertigung zum Stillstand, und am 1. Februar 2003 wurde das Werk versteigert.

TELTOW

Nachruf auf die Treuhand. Das Buch des *Spiegel*-Redakteurs Dieter Kampe befasste sich 1993 vornehmlich mit dem von ihm mitaufgedeckten Teltower Treuhand-Skandal um das dortige Geräte- und Regler-Werk. Er schilderte, wie ihm ein Treuhandmanager den Vertrag zusteckte, der den Verkauf des Werkes für eine Mark an den Milliardär Wisser besiegelte. Das Geschehen erinnerte an einen billigen Krimi: »Kurz vor 22 Uhr stand ich am Hinterausgang des alten Göringschen Luftfahrt-Ministeriums. (...) Mit reichlicher Verspätung erschien dann auch mein Freund der freien Presse. Er griff mich am Ellbogen und schob mich weg zum Ausgang (...) das die ersten fünf Minuten füllende nervöse, stoßweise Gerede meines neuen Partners, dass ihn ›das hier‹ den Job kosten könne, dass wir ›wirklich sehr, sehr vorsichtig‹ sein müssten, weil es sich um ›ein ganz großes Ding‹ handele, diente auch nicht gerade dazu, mich zu entspannen. Plötzlich griff er in seine Jackettasche und zog einen dicken Briefumschlag heraus. ›Schnell stecken Sie das weg‹, sagte er, ohne stehenzubleiben, ›das ist der Kaufvertrag, steht alles drin, was Sie wissen müssen.‹«

So also gelangte der *Spiegel* an den Vertrag, der auch jeden misstrauisch machen musste, der sich nicht nachts in das ›DDR-Regierungsviertel‹ geschlichen hatte. Ein Großbetrieb für eine Mark – der Schwindel war offenbar.

»Zunächst tat Treuhandsprecher Wolf Schöde, was er während seiner Amtszeit immer in solchen Situationen tat: Er wies die Vorwürfe, der Verkauf des GRW sei unseriös verlaufen, ›mit aller Entschiedenheit‹ zurück und nannte sie ›schlicht unlauter‹.« Kampe in seinem Buch: »Nach diesem hundertzwanzigprozentigen Dementi, das nur einen Schluss zuließ, nämlich dass der SPIEGEL eine dicke Ente produziert hätte, schloss Schöde diese erste Pressekonferenz zu GRW Teltow mit einer Volte.«

Es folgte eine zweite Pressekonferenz: »Gegen die große Unruhe unter den versammelten Journalisten begann Schöde seinen Vortrag zum Verkauf der Geräte- und Reglerwerke Teltow. Der Kaufpreis von einer Mark, der die Gemüter so errege, sei gar nichts Ungewöhnliches in der Treuhand-Verkaufspraxis, vielmehr etwas ziemlich Normales. ›Unser Ziel ist nämlich nicht, Einnahmen zu maximieren, sondern Unternehmenskonzepte zu optimieren.‹ Das Unternehmenskonzept des Käufers Claus Wisser müsse als Ganzes betrachtet und bewertet werden. ›Wisser hat sich verpflichtet, das Unternehmen in seinem Kerngeschäft, soweit es sanierungsfähig ist, weiterzuführen. Wisser hat sich verpflichtet, 1.500 Arbeitsplätze zu schaffen, er hat sich verpflichtet, 120 Millionen Mark selbst oder durch Dritte investieren zu lassen. Wisser hat sich auch verpflichtet, Lasten, die das Unternehmen hat, auf seine Schultern zu packen. Das heißt, wir – die Treuhand – sind frei von Lasten.‹

Von dem Tag an, da Projektingenieure für Siemens zu arbeiten begannen, war das Schicksal der im GRW Tätigen besiegelt. Dass man die wertvolle Immobilie rund um die Siemensbüros herum dann für eine Mark verschleuderte, war nur das Ende des erbärmlichen Schachers. Im Fall GRW wurde weder saniert noch privatisiert, sondern nur vorsätzlich ruiniert.«

Teltomat. »Seit 22 Jahren gammelt das Teltomat-Gelände in Michendorf vor sich hin. Jetzt wird erstmals aufgeräumt. Es ist ein ungewohnter Anblick: Bagger reißen auf Michendorfs Industriebrache im Ortszentrum alte Gebäude ab, Gestrüpp und Müll wird entfernt. 22 Jahre lang ist auf dem ehemaligen VEB-Gelände nichts passiert, der Bauunternehmer Günther Papenburg interessierte sich nicht für sein von der Treuhand übernommenes Grundstück zwischen der Michendorfer Poststraße und der Bahntrasse. Jetzt scheint sein Interesse geweckt, auf der Brache gibt es seit langem erstmals Bewegung.« (*Potsdamer Neueste Nachrichten*, 25.2.2016)

TREUENBRIETZEN

Vor 1990 war das Lastwagenwerk Teil des IFA-Kombinats Ludwigsfelde, zählte 330 Beschäftigte (darunter 30 Polen). Der Jahresumsatz betrug 53,3 Millionen Mark der DDR. Produziert wurden Pritschensattelauflieger und Lkw-Unterbauten. Am 27. Juni 1990 kassierte die Treuhand das Werk und entließ ein Drittel der Belegschaft.

1991/1992 folgten weitere Entlassungen. Am 1. März 1993 wurde das Werk an die Brüder Horz (Bad Oeynhausen/Nordrhein-Westfalen) für 1,5 Millionen Mark verkauft. Schon 1993 ergaben sich erste Zahlungsschwierigkeiten. Im März 1994 setzte sich Kurt Horz sen. nach Spanien ab. Seine Söhne Pierre und Kurt jun. kassierten als Geschäftsführer monatlich 10.000 DM Gehalt. Betriebsratchef Ernicke: »Der Betrieb wurde systematisch ausgeplündert.« Ab 20. April 1994 besetzten die verbliebenen 100 Beschäftigten das Werk, aber am 1. Mai 1994 wurde die Gesamtvollstreckung vollzogen.

UNTERWELLENBORN

Anfangs war die Maxhütte der einzige Roheisenproduzent in der Sowjetischen Besatzungszone, da die anderen Stahlwerke in Gröditz, Riesa, Hennigsdorf und Freital als Reparationsleistungen für die Sowjetunion abtransportiert worden waren. In ihrer Spitzenzeit hatte die Maxhütte über 7.000 Beschäftigte. Nach 1990 wurde der volkseigene Betrieb von der Treuhand annektiert und von der dann am 17. März 1992 an die Luxemburger Arbed-Gruppe verkauft. Danach war der letzte Hochofen-Abstich vorgenommen worden, womit die 120-jährige Geschichte der Roheisenproduktion beendet worden war. Am 11. November 1995 ging das neue Elektrostahlwerk mit 650 Beschäftigten in Betrieb, und zwar als Stahlwerk Thüringen GmbH. Seit dem Zusammenschluss mehrerer Stahlhersteller im Jahr 2001 gehörte das Werk zur Arcelor-Gruppe. Im Sommer 2006 ging der Mutterkonzern Arcelor an die Mittal-Gruppe des indischen Stahlherstellers Lakshmi Mittal. Später wurde es von Mittal an die spanische Grupo Alfonso Gallardo verhökert. Im Februar 2012 übernahm die brasilianische Companhia Siderúrgica Nacional (CSN) das Werk.

VOCKERODE

Einst ernährte das Kraftwerk einen ganzen Ort, dann fiel es in tiefen Dornröschenschlaf: Seit 1994 stehen die Maschinen im Braunkohlekraftwerk Vockerode still. Jörg Rüger machte faszinierende Bilder aus dem Inneren eines verlassenen Giganten und befragte Betroffene.

»Frau Laue erinnert sich noch gut an das Jahr 1994: Jenes Jahr, in dem es still wurde in Vockerode. Nicht, dass es hier zuvor besonders unruhig gewesen wäre, gerade einmal 1.500 Menschen leben in dem Örtchen, das heute in die Kleinstadt Oranienbaum-Wörlitz eingemeindet ist. Aber vor 1994, sagt Frau Laue, arbeiteten fast ebenso viele Menschen in dem Braunkohlekraftwerk am Elbufer, dessen 140 Meter hohe Schornsteine abends lange Schatten über die Stadt warfen.

Frau Laue war eine von 1.300 Arbeiterinnen und Arbeitern, die bei dem Kraftwerk, dem größten Arbeitgeber des Ortes, angestellt waren. 30 Jahre hat sie hier Tag für Tag gearbeitet. Ihre Augen leuchten, wenn sie von damals erzählt: Damals, als noch menschliche Stimmen und Maschinenlärm durch die Hallen und Korridore schallten. In drei Schichten, so erzählt Frau Laue, sei rund um die Uhr geschuftet worden. Unaufhörlich wurde Braunkohle in den Öfen verheizt und zu Strom gemacht.

Ursprünglich sollte das Kraftwerk, das von 1937 bis 1942 in Vockerode gebaut worden war, das 130 Kilometer entfernt gelegene Berlin mit Strom versorgen. Aber der Zweite Weltkrieg machte diese Pläne zunichte. Nach Kriegsende wurden zwei Jahre lang fast alle Geräte des Werkes als Reparationsleistungen demontiert und in die Sowjetunion verfrachtet. Doch die Tage des Werks waren noch nicht gezählt: 1953 begann man in Vockerode, sechs Jahre lang das ausgeräumte Kohlekraftwerk wieder aufzubauen und sogar um einen zweiten Bau zu erweitern. Fast 60 Jahre lang prägte das Kraftwerk das Leben in Vockerode. Heute stehen die Maschinen still, und Frau Laue geht nur noch auf das Werksgelände, um Besucher durch die gewaltigen Hallen zu führen und ihnen von ihrer eigenen Zeit in diesen Mauern zu erzählen (...) und erklärt, wie ab 1968 die Stadt Dessau von hier aus über eine 15 Kilometer lange Leitung mit Fernwärme versorgt wurde und wie eine 40 Hektar große Gewächshausanlage zum Anbau von Gurken und Tomaten mit der Wärme aus dem Kraftwerk beheizt wurde.« (*Spiegel Online Einestages*, 26.5.2011)

WEISSENFELS

Bis Ende der achtziger Jahre hatte sich die Stadt zum größten Schuhproduktionsstandort der DDR entwickelt mit über 6.000 Beschäftigten. Nach 1989 führte die Umstrukturierung und Privatisierung der Betriebe zu einem Zusammenbruch der gesamten Industrie, bedingt auch durch die Konkurrenz in den Billiglohnländern. Das führte zu einer sprunghaft ansteigenden Arbeitslosenrate.

WEISSWASSER

In den Anfangsjahren der DDR erfuhr die Stadt neben den Glasbetrieben auch durch das neu erbaute Kraftwerk Boxberg und kleinere Industriebetriebe einen Aufschwung, der zu einem stetigen Bevölkerungswachstum führte, so dass die Stadt Ende der 1980er-Jahre knapp 39.000 Einwohner zählte und damit dreimal so groß wie 30 Jahre zuvor war. In den fünfziger Jahren hatte ein beträchtlicher Aufschwung der traditionsreichen Glasindustrie stattgefunden. 1968 arbeiteten in den volkseigenen Glasbetrieben Weißwassers 3.870 Beschäftigte. Ende der achtziger Jahre arbeiteten in den volkseigenen Betrieben »Lausitzer Glas«, Spezialglaswerk »Einheit« und »Farbglaswerk« 5.500 Beschäftigte. Anfang der neunziger Jahre brach die Glasindustrie in Weißwasser zusammen.

Nach 1990 mussten die meisten Glas- und Industriebetriebe schließen, andere Betriebe Arbeitsplätze reduzieren. Die hohe Arbeitslosenquote von über 20 Prozent und die Stadtflucht entwickelten sich zu größeren Problemen – innerhalb der folgenden zwei Jahrzehnte hatte sich die Einwohnerzahl mehr als halbiert. Auch der Altersdurchschnitt der Bevölkerung stieg durch das Abwandern der jüngeren Bevölkerung.

Zum gegenwärtigen Zeitpunkt sind in Weißwasser noch zwei Glaswerke tätig: die Stölzle-Oberglas Lausitz GmbH (ehemals Oberlausitzer Glaswerke) und die TELUX GmbH (vormals »Einheit«), die zusammen um die 400 Arbeitskräfte beschäftigen.

WILDAU

Im VEB Schwermaschinenbau »Heinrich Rau« arbeiteten 1951 2.000 Werktätige. Er stellte inzwischen vornehmlich Walzwerksausrüstung her. 1952 wurde eine Schmiede eröffnet, 1954 die Betriebspoliklinik eröffnet und ein Stadion in Hoherlehme errichtet. Inzwischen waren 3.500 Arbeitskräfte tätig, die vorrangig Kurbelwellen für Schiffsdieselmotoren (überwiegend Export), Wälzlager, Maschinen für die Rohrproduktion, aber auch Konsumgüter für den Binnenmarkt produzierten. Mit viel freiwilliger Arbeit war 1970 eine Sport- und Schwimmhalle eröffnet worden.

Am 1. Juli 1990 wurde die Schwermaschinenbau AG Wildau (SMB) gegründet, die zu 100 Prozent der Treuhand gehörte. Alle sozialen Betriebseinrichtungen wurden geschlossen oder an die Gemeinde Wildau übergeben. Im Dezember 1991 hatte das Werk noch 1.700 Mitarbeiter. Im Juni 1993 wurde das Ringwalzwerk stillgelegt. Im Dezember 1993 betrug die Mitarbeiterzahl noch 700. Im August 1994 wurde die Wildauer Kurbelwellen GmbH ausgegründet. Zusammen mit den Schmiedewerken Gröditz gehörte dieser Betrieb seit 1997 zur Georgsmarienhütte Holding GmbH.

WISMAR – WARNEMÜNDE

»Die Industrie-Standorte in Wismar und Warnemünde waren 1946 entstanden. Nach dem Ende der DDR sah das Bild bei den Werften bereits düster aus. Ohne die Sowjetunion als Hauptabnehmer und mit museumsreifen Anlagen war die Zukunft des Schiffbaus im Nordosten lange Zeit unsicher. Die Verträge, die noch vor der Wende abgeschlossen wurden, halfen den Werften zumindest beim Überleben. (...) 1992 übernahm der Bremer Vulkan Verbund die damals 46 Jahre alte MTW-Werft in Wismar, der norwegische Kvaerner-Konzern kaufte die ebenfalls 1946 gegründete Warnowwerft. Nach dem Zusammenbruch des Vulkan Verbunds und einer Rückübertragung an den Bund erwarb im März 1998 ein anderer norwegischer Mischkonzern, Aker RGI, den Wismarer Schiffbau. (...)

›Lebewohl‹ war im Sommer 1995 in großen Buchstaben an den Kabinenfenstern der Kabelkräne in Warnemünde zu lesen. Die meisten Kranfahrerinnen verloren ihren Arbeitsplatz. In Warnemünde reduzierten sich die Arbeitsplätze von rund 5.700 auf knapp 1.000. In Wismar sank die Zahl der Beschäftigten von 6.000 auf 1.300. Trotzdem blieben die Werften die größten Schiffbauer im Nordosten und zählten zu den wichtigsten Arbeitgebern in der Region. (...)

Die Rechnung der neuen Eigner aus Russland ging nicht auf. Also genehmigte der Gläubigerausschuss im August 2009 einen erneuten Verkauf der Werften. Der Zuschlag ging an den russischen Investor Witali Jussufow. Seitdem firmierten die Werften unter dem Namen Nordic Yards. (...)

Im März 2016 wurde dann das vorläufig letzte Kapitel der Werften-Saga der Ostseeküste aufgeschlagen: Die chinesische Genting-Gruppe übernahm den Schiffsbau. Erklärtes Ziel: Kreuzfahrtschiffe für den wachsenden Markt in Fernost zu produzieren – ein kleiner Hoffnungsschimmer zumindest für die noch rund 1.500 Werftarbeiter in Wismar, Rostock und Stralsund.« (*Radio MV*, 2.3.2016)

WITTENBERGE

Im Dezember 1990 stellten die Prignitzer Zellstoff- und Zellwollewerke GmbH ihre Produktion ein, im Januar 1991 folgte nach 168 Jahren die Märkische Ölmühle.

Nähmaschinenwerk. »Gerhard Baak ist ein netter älterer Herr, der in Wittenberge stets mit seiner Kamera unterwegs ist. Niemand hielt ihn auch nur eines lauten Wortes für fähig, doch wenn es um sein Werk geht, wird der weißhaarige Prignitzer energisch. Das Werk prägt Wittenberge bis heute. ›Sein‹ Werk ist das VEB Nähmaschinenwerk Wittenberge. Industrieller Leuchtturm im doppelten Sinne, denn dort arbeiteten bis zur Abwicklung 1991 nicht nur 3.200 Menschen, es prägt die Silhouette der größten Stadt der Prignitz bis heute. Als die Treuhand das Werk abwickelte, nahm man nicht nur vielen die Existenz, man riss ihnen quasi das Herz aus der Brust. Es gibt Veritas-Mitarbeiter, die bis heute nie wieder einen Fuß aufs Werksgelände gesetzt haben.« (*Märkische Allgemeine*, 12.12.2014)

1968 war die 1.000.000 Haushaltsnähmaschine exportiert worden. Etwa 8.000 Zulieferbetriebe waren an der Nähmaschinenfertigung beteiligt. Das Werk war ab 1970 Alleinhersteller von Haushaltsnähmaschinen in der DDR.

Am 15. Februar 1983 erhielt die Gießerei eine automatische Vergießeinrichtung für 2,5 Tonnen Flüssigeisen, und in der Gießerei wurde das kastenlose Hochdruck-Press-Form-Verfahren eingeführt. Der Betrieb war damit Erstanwender dieser Technologie im RGW. Seit diesem Jahr war das Modell »Columba NP 4500« (Freiarmnähmaschine) das Topmodell. Am 6. Oktober 1983 wurde die 5.000.000 Nähmaschine hergestellt. Bei einer spektakulären Veranstaltung war am 10. September 1988 im Klubhaus die erste »Miss VERITAS« (Karin Lutz) gekürt. Es war eine der ersten Misswahlen in der DDR.

»Nachdem das Veritas-Nähmaschinenwerk in Wittenberge Ende 1991 dichtmachte, verkaufte Kurt Weber noch jahrelang aus Lagerbeständen rund 3.000 neue Veritas-Maschinen, die letzte 1999. Nunmehr gehen nur noch aufgearbeitete Exemplare über den Ladentisch seines ›Nähzentrums‹. ›Die Nachfrage ist noch immer beachtlich‹, sagt Kurt Weber in seinem Wittenberger ›Nähzentrum‹. Im Monat gehen mitunter vier oder fünf gebrauchte Veritas über seinen Ladentisch. Zuvor hatte er sie aufgekauft. Entweder bringen ältere Damen ihre sorgsam gepflegten und wie ein Heiligtum aufbewahrten Maschinen zu ihm, weil sie nicht mehr so gut gucken können, oder sie kommen aus Haushaltsauflösungen. In jedem Falle werden sie von Kurt Weber aufgearbeitet. ›Die meisten Maschinen sehen aus wie neu, und nur wenn sie äußerlich und von der Mechanik her top sind, gehen sie an die Kunden weiter.‹« (*Märkische Zeitung Online*, 21.3.2012)

ZEITZ

Die Plattmache überstanden nach 1990 in dieser Stadt lediglich die Zeitzer Zuckerfabrik, die von Südzucker übernommen wurde, die Schokoladenmanufaktur Zetti und die ZEMAG GmbH, die noch bis März 2004 produzierte. Nach jahrelangem Leerstand der Hallen übernahm die Zeitzer Guss GmbH, ein Tochterunternehmen von Silbitz Guss GmbH, die Betriebsstätte. Durch die Stilllegungen der Betriebe kam es ab 1990 zu einem massiven Beschäftigungsverlust. Die Stadt verlor mehr als ein Viertel ihrer Einwohner.

ZEULENRODA

Die volkseigenen Betriebe wurden privatisiert, die Arbeitslosigkeit stieg dramatisch an. Die zu DDR-Zeiten ansässigen VEB WEMA (Werkzeugmaschinenbau), Möbelkombinat, Rotpunkt (Gummiwaren) sowie Elastic Mieder (Dessous) wurden nach und nach aufgelöst.

ZSCHOPAU

»Die Insolvenz des einstigen Motorradbauers MZ aus Hohndorf bei Zschopau geht in die Verlängerung. 20 Mitarbeiter waren noch bis Ende April mit einem Auftrag der Schweizer Post für Elektrodreiräder beschäftigt. (...) Für die Grundstücke wurde unterdessen die Zwangsversteigerung beantragt. Das Chemnitzer Amtsgericht lässt den Verkehrswert ermitteln. Ehe es tatsächlich zur Versteigerung komme, könne aber noch ›geraume Zeit‹ vergehen, hieß es. (...) MZ gehörte einst zu den größten Motorradherstellern der Welt. Zu DDR-Zeiten lieferten die Motorenwerke in 100 Länder. Im Herbst 2008 stellte der damalige Eigentümer Hong Leong Industries aus Malaysia die Motorradproduktion ein. Im Frühjahr 2009 hatte der frühere Rennfahrer Martin Wimmer MZ zusammen mit seinem Kollegen Ralf Waldmann gekauft. Er musste im September 2012 Insolvenz anmelden.« (*Mitteldeutsche Zeitung*, 29.3.2013)

ZSCHORNEWITZ

Kraftwerk. In dem Dampfkraftwerk wurde 1983 eine zusätzliche 25-MW-Turbine eingebaut. Der schlechte Bauzustand der Kühltürme machte es erforderlich, neue zu errichten. Zwischen 1985 und 1988 erfolgte der Bau von vier Ventilatorkühltürmen. Dann kamen vier Gasturbinen zum Einsatz, die eine Leistung von 37 MW hatten. Im November 1987 erfolgte die Netzschaltung der letzten Turbine, und die Gesamtleistung des Kraftwerks stieg auf 597 MW.

Am 1. Juli 1992 wurde die letzte Turbine des Dampfkraftwerks stillgelegt. Bis 1995 wurde das Dampfkraftwerk dann rückgebaut und ein Teil als Museum hergerichtet. Die Wärmeversorgung für die Orte Zschornewitz und Gräfenhainichen wurde mit Hilfe von Gaskesseln sichergestellt. Am 31. Dezember 1998 wurden die Gasturbinenkraftwerke 1 bis 3 stillgelegt. Im März 1999 wurde im Gasturbinenkraftwerk 1 eine Gasturbine demontiert und nach Schweden in ein Kraftwerk bei Uppsala geliefert. Die vier Gasturbinen des Kraftwerks 3 wurden nach Australien verkauft. Die beiden Schornsteine des Zschornewitzer Gasturbinenkraftwerks wurden am 4. April 2012 gesprengt. Damit verschwand das vorletzte Wahrzeichen des Ortes. Das letzte war der unter Denkmalschutz stehende Kühlturm. Der wurde im August 2015 abgerissen.